U0502514

—— 事业单位工作业务用书 ——

事业单位工作人员
廉洁履职手册

聚焦热点难点问题　　解答常见工作困惑　　廉洁履职行动指南

中国法治出版社

编辑说明

事业单位，是指国家为了社会公益目的，由国家机关举办或者其他组织利用国有资产举办的，从事教育、科技、文化、卫生等活动的社会服务组织。事业单位工作人员廉洁履职，依规依纪依法办事，是其提供更高水平公共服务的必要前提。

本书按照简明、实用的原则，结合事业单位工作人员的工作实际，主要根据《中华人民共和国公职人员政务处分法》《事业单位人事管理条例》《事业单位工作人员处分规定》等法律法规编写，提炼梳理了重要知识点，内容涉及事业单位人事管理，考核、会议、培训、公务用车、办公用房、公务差旅，国有资产管理、财务管理，主要领导人员经济责任审计，违规违纪违法行为处分，职务犯罪处置七个部分，并且附录了相关的规定。本书既聚焦事业单位工作人员应知应会的廉洁纪律知识，便于事业单位工作人员有针对性、有方向性地学习和查阅，远离违纪违法"红线"；又能助力事业单位工作人员把握政策，快速了解和上手基础业务工作，提升工作的规范性和实效性，从而切实做到依规依纪依法履职尽责。

由于编写水平有限，书中的疏漏和不足之处，敬请读者批评指正！

目　　录

七、职务犯罪处置

附　录

一、人事管理

1. 事业单位人事管理的原则和方针是什么?

《事业单位人事管理条例》第二条规定,事业单位人事管理,坚持党管干部、党管人才原则,全面准确贯彻民主、公开、竞争、择优方针。

国家对事业单位工作人员实行分级分类管理。

2. 事业单位领导人员的管理应当坚持什么原则?

《事业单位领导人员管理规定》第三条规定,事业单位领导人员的管理,应当适应事业单位公益性、服务性、专业性、技术性等特点,遵循领导人员成长规律,激发事业单位活力,推动公益事业高质量发展。工作中,坚持下列原则:

(1) 党管干部、党管人才;

(2) 德才兼备、以德为先,五湖四海、任人唯贤;

(3) 事业为上、人岗相适、人事相宜;

(4) 注重实干担当和工作实绩、群众公认;

(5) 分级分类管理;

（6）民主集中制；

（7）依规依法办事。

3. 事业单位公开招聘工作人员的程序是什么？

《事业单位人事管理条例》第九条规定，事业单位公开招聘工作人员按照下列程序进行：

（1）制定公开招聘方案；

（2）公布招聘岗位、资格条件等招聘信息；

（3）审查应聘人员资格条件；

（4）考试、考察；

（5）体检；

（6）公示拟聘人员名单；

（7）订立聘用合同，办理聘用手续。

4. 事业单位内部产生岗位人选，需要竞聘上岗的，程序是什么？

《事业单位人事管理条例》第十条规定，事业单位内部产生岗位人选，需要竞聘上岗的，按照下列程序进行：

（1）制定竞聘上岗方案；

（2）在本单位公布竞聘岗位、资格条件、聘期等信息；

（3）审查竞聘人员资格条件；

（4）考评；

（5）在本单位公示拟聘人员名单；

（6）办理聘任手续。

5. 事业单位领导人员应当具备的基本条件是什么?

《事业单位领导人员管理规定》第五条规定，事业单位领导人员应当具备下列基本条件：

（1）思想政治素质好，理想信念坚定，自觉坚持以马克思列宁主义、毛泽东思想、邓小平理论、"三个代表"重要思想、科学发展观、习近平新时代中国特色社会主义思想为指导，坚决贯彻执行党的理论和路线方针政策，增强"四个意识"、坚定"四个自信"、做到"两个维护"，自觉在思想上政治上行动上同党中央保持高度一致。

（2）组织领导能力强，自觉贯彻执行民主集中制，善于科学管理、沟通协调、依法办事、推动落实，工作实绩突出。

（3）专业素养好，熟悉有关政策法规和行业发展情况，具有胜任岗位职责的专业知识和专业能力。

（4）创新意识强，勤于学习，勇于探索，敢于攻坚克难，有开拓进取、追求卓越的韧劲，能够切实推进技术、管理、制度等重要创新。

（5）事业心和责任感强，热爱公益事业；坚持以人民为中心的发展思想，求真务实、勤勉敬业、担当作为，忠实履行公共服务的政治责任和社会责任；有斗争精神和斗争本领；团结协作，群众威信高。

（6）正确行使职权，坚持原则，带头践行社会主义核心价值观，恪守职业道德，严于律己，清正廉洁。

不同行业事业单位领导人员基本条件应当适应本行业特点和要求。其中，宣传思想文化系统事业单位领导人员应当坚持政治家办报办刊办台办新媒体，有强烈的意识形态阵地意识；高等学校和中小学校领导人员应当认真贯彻党的教育方针，坚持社会主义办学方向，自觉落实立德树人根本任务；科研事业单位领导人员应当坚持高水平科技自立自强的方向，坚持面向世界科技前沿、面向经济主战场、面向国家重大需求、面向人民生命健康，尊重科研工作规律，弘扬科学家精神，自觉践行创新科技、服务国家、造福人民的价值理念；公立医院领导人员应当坚持为人民健康服务的方向，有适应医院高质量发展的先进管理理念和实践经验。

党员领导人员应当自觉履行党建工作"一岗双责"，专职从事党务工作的领导人员还应当熟悉党建工作，善于做思想政治工作。

正职领导人员应当带头提高政治判断力、政治领悟力、政治执行力，具有驾驭全局的能力，善于抓班子带队伍，民主作风好。

6. 事业单位领导人员应当具备的基本资格是什么？

《事业单位领导人员管理规定》第六条规定，事业单位领导人员应当具备下列基本资格：

（1）一般应当具有大学本科以上文化程度。

（2）提任六级以上管理岗位领导职务的，一般应当具有 5

年以上工作经历。

（3）从管理岗位领导职务副职提任正职的，应当具有副职岗位 2 年以上任职经历；从下级正职提任上级副职的，应当具有下级正职岗位 3 年以上任职经历。

（4）主要以专业技术面向社会提供公益服务的事业单位领导班子行政正职、分管业务工作的副职一般应当具有从事本行业专业工作的经历。

（5）具有正常履行职责的身体条件。

（6）符合有关党内法规、法律法规和行业主管部门规定的其他任职资格要求。

7. 选拔事业单位领导人员应当采取什么方式进行?

根据《事业单位领导人员管理规定》第十二条、第十三条的规定，选拔事业单位领导人员，一般采取单位内部推选、外部选派方式进行。根据行业特点和工作需要，可以采取竞争（聘）上岗、公开选拔（聘）、委托相关机构遴选等方式产生人选。

选拔事业单位领导人员，应当经过民主推荐，合理确定参加民主推荐人员范围，规范谈话调研推荐和会议推荐方式方法。

8. 对事业单位领导职务拟任人选应当考察其哪些方面?

根据《事业单位领导人员管理规定》第十四条、第十五条的规定，对事业单位领导职务拟任人选，必须依据选拔任用条件，结合行业特点和岗位要求，全面考察其德、能、勤、绩、廉，严把政治关、品行关、能力关、作风关、廉洁关。

综合分析人选的考察考核、一贯表现和人岗相适等情况，全面历史辩证地作出评价，既重管理能力、专业素养和工作实绩，更重政治品质、道德品行、作风和廉政情况，防止简单以票或者以分取人。

9. 事业单位领导班子和领导人员的任期是多久？

《事业单位领导人员管理规定》第二十二条规定，事业单位领导班子和领导人员一般应当实行任期制。

每个任期一般为3至5年。领导人员在同一岗位连续任职一般不超过10年，工作特殊需要的，按照干部管理权限经批准后可以适当延长任职年限。

10. 事业单位领导人员交流的重点对象有哪些？

《事业单位领导人员管理规定》第二十八条规定，完善事业单位领导人员交流制度。交流的重点对象一般是正职领导人员，专职从事党务工作、分管人财物的副职领导人员以及其他因工作需要交流的人员。

11. 事业单位领导人员任职和履职应当回避的情形有哪些？

《事业单位领导人员管理规定》第三十条规定，实行事业单位领导人员任职回避制度。有夫妻关系、直系血亲关系、三代以内旁系血亲关系以及近姻亲关系的，不得在同一事业单位领导班子任职，不得在同一单位担任双方直接隶属于同一领导人员的职务或者有直接上下级领导关系的职务，也不得在领导人员所在事业单位本级内设管理机构以及分管联系单位从事组织（人事）、纪检监察、审计、财务部门负责工作。

第三十一条规定，实行事业单位领导人员履职回避制度。事业单位领导人员在履行职责过程中，涉及本人及其近亲属利害关系或者其他可能影响公正履行职责情况的，本人应当回避。

12. 对事业单位领导班子和领导人员监督的重点内容是什么？

党委（党组）及纪检监察机关、组织（人事）部门、行业主管部门按照管理权限和职责分工，履行对事业单位领导班子和领导人员的监督责任。

《事业单位领导人员管理规定》第三十九条规定，监督的重点内容是：践行"两个维护"，对党忠诚，贯彻落实党的理论和路线方针政策、党中央决策部署以及上级党组织决定情况；依法办事，执行民主集中制，履行职责，担当作为，行风建设，选人用人，国有资产管理，收入分配情况；落实全面从严治党主体责任和监督责任，职业操守，以身作则，遵守纪律，廉洁自律等情况。

13. 事业单位领导人员有哪些情形时，应当免去现职？

《事业单位领导人员管理规定》第四十三条规定，事业单位领导人员有下列情形之一，一般应当免去现职：

（1）达到任职年龄界限或者退休年龄界限的；

（2）年度考核、任期考核被确定为不合格的，或者连续 2 年年度考核被确定为基本合格的；

（3）解除聘任关系（聘任合同）或者聘任期满不再续聘的；

（4）受到责任追究应当免职的；

（5）不适宜担任现职应当免职的；

（6）因违规违纪违法应当免职的；

（7）因健康原因，无法正常履行工作职责 1 年以上的；

（8）因工作需要或者其他原因应当免去现职的。

14. 什么情形下事业单位工作人员应当岗位回避？

根据《事业单位人事管理回避规定》第六条、第七条的规定，事业单位工作人员凡有下列亲属关系的，不得在同一事业单位聘用至具有直接上下级领导关系的管理岗位，不得在其中一方担任领导人员的事业单位聘用至从事组织（人事）、纪检监察、审计、财务工作的岗位，也不得聘用至双方直接隶属于同一领导人员的从事组织（人事）、纪检监察、审计、财务工作的内设机构正职岗位：

（1）夫妻关系；

（2）直系血亲关系，包括祖父母、外祖父母、父母、子女、孙子女、外孙子女；

（3）三代以内旁系血亲关系，包括叔伯姑舅姨、兄弟姐妹、堂兄弟姐妹、表兄弟姐妹、侄子女、甥子女；

（4）近姻亲关系，包括配偶的父母、配偶的兄弟姐妹及其配偶、子女的配偶及子女配偶的父母、三代以内旁系血亲的配偶；

（5）其他亲属关系，包括养父母子女、形成抚养关系的继父母子女及由此形成的直系血亲、三代以内旁系血亲和近姻亲关系。

前述所称同一事业单位，是指依法登记的同一事业单位法人。

其中，上述所称直接上下级领导关系包括：

（1）领导班子正职与副职；

（2）同一内设机构正职与副职；

（3）上级正职、副职与下级正职；

（4）单位无内设机构的，其正职、副职与其他管理人员以及从事审计、财务工作的专业技术人员；

（5）内设机构无下一级单位的，其正职、副职与其他管理人员以及从事审计、财务工作的专业技术人员。

15. 事业单位工作人员办理岗位回避的程序是什么？

《事业单位人事管理回避规定》第八条规定，事业单位工作人员岗位回避按照以下程序办理：

（1）本人提出回避申请，或者有关单位、人员提出回避要求。

（2）所在单位或者主管部门按照干部人事管理权限在1个月内作出回避决定。作出回避决定前，应当听取需要回避人员及相关人员的意见。

（3）回避决定作出后，及时通知申请人，需要回避的，应当自回避决定作出之日起 1 个月内调整至相应岗位，并变更或者重新订立聘用合同。

16. 岗位等级不同、岗位等级相同或者岗位类别不同的，如何进行回避？

《事业单位人事管理回避规定》第九条规定，岗位等级不同的一般由岗位等级较低的一方回避；岗位等级相同或者岗位类别不同的，根据工作需要和实际情况决定其中一方回避。

17. 事业单位工作人员应当回避的履职活动有哪些？

《事业单位人事管理回避规定》第十一条规定，事业单位工作人员应当回避的履职活动包括：

（1）岗位设置、公开招聘、聘用解聘（任免）、考核考察、奖励、处分、交流、人事争议处理、出国（境）审批；

（2）人事考试、职称评审、人才评价；

（3）招生考试、项目评审、成果评选、资金审批与监管；

（4）其他应当回避的履职活动。

18. 事业单位工作人员履行职责应当回避的情形有哪些？

《事业单位人事管理回避规定》第十二条规定，事业单位工作人员履行该规定第十一条所列职责时，有下列情形之一的，应当回避，不得参加相关调查、考察、讨论、评议、投票、评分、审核、决定等活动，也不得以任何方式施加影响：

（1）涉及本人利害关系的；

（2）涉及与本人有该规定第六条所列亲属关系人员的利害关系的；

（3）其他可能影响公正履行职责的。

19. 事业单位工作人员办理履职回避的程序是什么？

《事业单位人事管理回避规定》第十三条规定，事业单位工作人员履职回避按照以下程序办理：

（1）本人或利害关系人提出回避申请，或者有关单位提出回避要求。

（2）本人所在单位或者主管部门按照干部人事管理权限作出回避决定。其中，成立聘用工作组织、考核工作组织、申诉公正委员会、学术委员会等专项工作组织的，工作组织负责人的回避由成立该工作组织的单位决定，工作组织其他工作人员的回避可授权工作组织负责人决定。作出回避决定前，应当听取需要回避的人员及相关人员的意见。

（3）根据回避决定需要回避的，应当自回避决定作出之日起退出相关工作。

回避决定应当及时作出。回避决定作出前，本人可视情况确定是否先行退出相关履职活动。

20. **事业单位工作人员无正当理由拒不服从回避决定的，会有什么后果？**

《事业单位人事管理回避规定》第十六条规定，事业单位工作人员必须服从回避决定，无正当理由拒不服从的，视情节轻重依法依规给予组织处理或处分。所在单位、主管部门负责督促回避决定落实到位。

事业单位工作人员应当主动报告应回避的情形。有需要回避的情形不及时报告或者有意隐瞒的，予以批评教育；造成不良后果的，依法依规给予组织处理或处分。

二、考核、会议、培训

21. 事业单位工作人员考核工作应当坚持什么原则?

事业单位工作人员考核,是指事业单位或者主管机关(部门)按照干部人事管理权限及规定的标准和程序,对事业单位工作人员的政治素质、履职能力、工作实绩、作风表现等进行的了解、核实和评价。

《事业单位工作人员考核规定》第三条规定,事业单位工作人员考核工作,坚持以习近平新时代中国特色社会主义思想为指导,贯彻新时代党的组织路线和干部工作方针政策,着眼于充分调动事业单位工作人员积极性主动性创造性、促进新时代公益事业高质量发展,坚持尊重劳动、尊重知识、尊重人才、尊重创造,全面准确评价事业单位工作人员,鲜明树立新时代选人用人导向,推动形成能者上、优者奖、庸者下、劣者汰的良好局面。工作中,应当坚持下列原则:

(1)党管干部、党管人才;

(2)德才兼备、以德为先;

(3)事业为上、公道正派;

(4)注重实绩、群众公认;

(5)分级分类、简便有效;

(6)考用结合、奖惩分明。

22. 事业单位工作人员考核的方式主要是什么?

《事业单位工作人员考核规定》第四条规定,事业单位工作人员考核的方式主要是年度考核和聘期考核,根据工作实际开展平时考核、专项考核。

23. 对事业单位工作人员考核的内容是什么?

《事业单位工作人员考核规定》第五条规定,对事业单位工作人员的考核,以岗位职责和所承担的工作任务为基本依据,全面考核德、能、勤、绩、廉,突出对德和绩的考核。

(1)德。坚持将政治标准放在首位,全面考核政治品质和道德品行,重点了解学习贯彻习近平新时代中国特色社会主义思想,坚定拥护"两个确立",增强"四个意识"、坚定"四个自信"、做到"两个维护",坚定理想信念,坚守初心使命,忠于宪法、忠于国家、忠于人民的情况;做到坚持原则、敢于斗争、善于斗争的情况;模范践行社会主义核心价值观,胸怀祖国、服务人民,恪守职业道德,遵守社会公德、家庭美德和个人品德等情况。

(2)能。全面考核适应新时代要求履行岗位职责的政治能力、工作能力、专业素养和技术技能水平,重点了解政治判断力、政治领悟力、政治执行力和学习调研能力、依法办事能力、群众工作能力、沟通协调能力、贯彻执行能力、改革创新能力、应急处突能力等情况。

（3）勤。全面考核精神状态和工作作风，重点了解爱岗敬业、勤勉尽责、担当作为、锐意进取、勇于创造、甘于奉献等情况。

（4）绩。全面考核践行以人民为中心的发展思想，依法依规履行岗位职责、承担急难险重任务、为群众职工办实事等情况，重点了解完成工作的数量、质量、时效、成本，产生的社会效益和经济效益，服务对象满意度等情况。

（5）廉。全面考核廉洁从业情况，重点了解落实中央八项规定及其实施细则精神，执行本系统、本行业、本单位行风建设相关规章制度，遵规守纪、廉洁自律等情况。

24. 如何对事业单位工作人员实行分级分类考核?

根据《事业单位工作人员考核规定》第六条至第八条的规定，对事业单位工作人员实行分级分类考核，考核内容应当细化明确考核要素和具体指标，体现不同行业、不同类型、不同层次、不同岗位工作人员的特点和具体要求，增强针对性、有效性。

对面向社会提供公益服务的事业单位工作人员的考核，突出公益服务职责，加强服务质量、行为规范、技术技能、行风建设等考核。宣传思想文化、教育、科技、卫生健康等重点行业领域事业单位要按照分类推进人才评价机制改革有关要求，分别确定工作人员考核内容的核心要素，合理设置指标权重，实行以行业属性为基础的差别化考核。

对主要为机关提供支持保障的事业单位工作人员的考核，突出履行支持保障职责情况考核。根据实际情况，可以与主管机关（部门）工作人员考核统筹。

对事业单位专业技术人员的考核，应当结合专业技术工作特点，以创新价值、能力、贡献为导向，注重公共服务意识、专业理论知识、专业能力水平、创新服务及成果等。

对事业单位管理人员的考核，应当结合管理工作特点，注重管理水平、组织协调能力、工作规范性、廉政勤政情况等。

对事业单位工勤技能人员的考核，应当结合工勤技能工作特点，注重技能水平、服务态度、质量、效率等。

25. 年度考核的结果分几个档次？

年度考核是以年度为周期对事业单位工作人员总体表现所进行的综合性考核，一般每年年末或者次年年初进行。

《事业单位工作人员考核规定》第十条规定，年度考核的结果一般分为优秀、合格、基本合格和不合格四个档次。

26. 年度考核确定为优秀档次应当具备什么条件？

《事业单位工作人员考核规定》第十一条规定，年度考核确定为优秀档次应当具备下列条件：

（1）思想政治素质高，理想信念坚定，贯彻落实党中央决策部署坚决有力，模范遵守法律法规，恪守职业道德，具有良好社会公德、家庭美德和个人品德；

（2）履行岗位职责能力强，精通本职业务，与岗位要求相应的专业技术技能或者管理水平高；

（3）公共服务意识和工作责任心强，勤勉敬业奉献，改革创新意识强，工作作风好；

（4）全面履行岗位职责，高质量地完成各项工作任务，工作实绩突出，对社会或者单位有贡献，服务对象满意度高；

（5）廉洁从业且在遵守廉洁纪律方面具有模范带头作用。

27. 年度考核确定为合格档次应当具备什么条件？

《事业单位工作人员考核规定》第十二条规定，年度考核确定为合格档次应当具备下列条件：

（1）思想政治素质较高，能够贯彻落实党中央决策部署，自觉遵守法律法规和职业道德，具有较好社会公德、家庭美德和个人品德；

（2）履行岗位职责能力较强，熟悉本职业务，与岗位要求相应的专业技术技能或者管理水平较高；

（3）公共服务意识和工作责任心较强，工作认真负责，工作作风较好；

（4）能够履行岗位职责，较好地完成工作任务，服务对象满意度较高；

（5）廉洁从业。

28. 什么情形下，年度考核应当确定为基本合格档次？

《事业单位工作人员考核规定》第十三条规定，事业单位工作人员有下列情形之一的，年度考核应当确定为基本合格档次：

（1）思想政治素质一般，在贯彻落实党中央决策部署以及遵守职业道德、社会公德、家庭美德、个人品德等方面存在明显不足；

（2）履行岗位职责能力较弱，与岗位要求相应的专业技术技能或者管理水平较低；

（3）公共服务意识和工作责任心一般，工作纪律性不强，工作消极，或者工作作风方面存在明显不足；

（4）能够基本履行岗位职责、完成工作任务，但完成工作的数量不足、质量和效率不高，或者在工作中有一定的失误，或者服务对象满意度较低；

（5）能够基本做到廉洁从业，但某些方面存在不足。

29. 什么情形下，年度考核应当确定为不合格档次？

《事业单位工作人员考核规定》第十四条规定，事业单位工作人员有下列情形之一的，年度考核应当确定为不合格档次：

（1）思想政治素质较差，在贯彻落实党中央决策部署以及职业道德、社会公德、家庭美德、个人品德等方面存在严重问题；

（2）业务素质和工作能力不能适应岗位要求；

（3）公共服务意识和工作责任心缺失，工作不担当、不作为，或者工作作风差；

（4）不履行岗位职责、未能完成工作任务，或者在工作中因严重失职失误造成重大损失或者恶劣社会影响；

（5）在廉洁从业方面存在问题，且情形较为严重。

30. 年度考核优秀档次人数的比例有什么要求?

《事业单位工作人员考核规定》第十五条规定,事业单位工作人员年度考核优秀档次人数,一般不超过本单位应参加年度考核的工作人员总人数的20%。优秀档次名额应当向一线岗位、艰苦岗位以及获得表彰奖励的人员倾斜。

事业单位在相应考核年度内有下列情形之一的,经主管机关(部门)或者同级事业单位人事综合管理部门审核同意,工作人员年度考核优秀档次的比例可以适当提高,一般掌握在25%:

(1)单位获得集体记功以上奖励的;

(2)单位取得重大工作创新或者作出突出贡献,取得有关机关(部门)认定的;

(3)单位绩效考核获得优秀档次的。

对单位绩效考核为不合格档次的,以及问题较多、被问责的事业单位,主管机关(部门)或者同级事业单位人事综合管理部门应当降低其年度考核优秀档次比例,一般不超过15%。

31. 谁负责年度考核工作的组织实施?

《事业单位工作人员考核规定》第十六条规定,对事业单位工作人员开展年度考核,可以成立考核委员会或者考核工作领导小组,负责考核工作的组织实施,相应的组织人事部门承担具体工作。考核委员会或者考核工作领导小组由本单位成立的,一般由单位主要负责人担任主任（组长），成员由单位其他领导人员、组织人事部门和纪检监察机构有关人员、职工代表等组成；由主管机关（部门）成立的，一般由主管机关（部门）组织人事部门负责人担任主任（组长），成员由主管机关（部门）组织人事部门有关人员以及事业单位有关领导人员、从事组织人事和纪检监察工作的有关人员、职工代表等组成。

32. 年度考核的程序是什么？

《事业单位工作人员考核规定》第十七条规定，年度考核一般按照下列程序进行：

（1）制定方案。考核委员会或者考核工作领导小组制定事业单位年度考核工作方案，通过职工代表大会或者其他形式听取工作人员意见后，面向全单位发布。

（2）总结述职。事业单位工作人员按照岗位职责任务、考核内容以及有关要求进行总结，填写年度考核表，必要时可以在一定范围内述职。

（3）测评、核实与评价。考核委员会或者考核工作领导小组可以采取民主测评、绩效评价、听取主管领导意见以及单位内部评议、服务对象满意度调查、第三方评价等符合岗位特点的方法，对考核对象进行综合评价，提出考核档次建议。

（4）确定档次。事业单位领导班子或者主管机关（部门）组织人事部门集体研究审定考核档次。拟确定为优秀档次的须在本单位范围进行公示，公示期一般不少于 5 个工作日。考核结果以书面形式告知被考核人员，由本人签署意见。

33. 什么是聘期考核？

《事业单位工作人员考核规定》第十八条规定，聘期考核是对事业单位工作人员在一个完整聘期内总体表现所进行的全方位考核，以聘用（任）合同为依据，以聘期内年度考核结果为基础，一般在聘用（任）合同期满前一个月内完成。

聘期考核侧重考核聘期任务目标完成情况。

34. 怎样确定聘期考核的结果档次？

根据《事业单位工作人员考核规定》第十九条至第二十一条的规定，聘期考核的结果一般分为合格和不合格等档次。

事业单位工作人员完成聘期目标任务，且聘期内年度考核均在合格及以上档次的，聘期考核应当确定为合格档次。

事业单位工作人员无正当理由，未完成聘期目标任务的，聘期考核应当确定为不合格档次。

35. 聘期考核的程序是什么？

《事业单位工作人员考核规定》第二十二条规定，事业单位工作人员聘期考核一般应当按照总结述职，测评、核实与评价，实绩分析，确定档次等程序进行，结合实际也可以与年度考核统筹进行。

36. 如何开展平时考核?

平时考核是对事业单位工作人员日常工作和一贯表现所进行的经常性考核。

《事业单位工作人员考核规定》第二十四条规定,对事业单位工作人员开展平时考核,主要结合日常管理工作进行,根据行业和单位特点,可以采取工作检查、考勤记录、谈心谈话、听取意见等方法,具体操作办法由事业单位结合实际确定。

事业单位可以根据自身实际,探索建立平时考核记录,形成考核结果。平时考核结果可以采用考核报告、评语、档次或者鉴定等形式确定。

37. 如何开展专项考核?

专项考核是对事业单位工作人员在完成重要专项工作、承担急难险重任务、应对和处置突发事件中的工作态度、担当精神、作用发挥、实际成效等情况所进行的针对性考核。

根据平时掌握情况,对表现突出或者问题反映较多的工作人员,可以进行专项考核。

《事业单位工作人员考核规定》第二十六条规定,对事业单位工作人员开展专项考核,可以按照了解核实、综合研判、结果反馈等程序进行,或者结合推进专项工作灵活安排。

专项考核结果可以采用考核报告、评语、档次或者鉴定等形式确定。

38. 年度考核被确定为合格以上档次的，考核结果如何运用？

《事业单位工作人员考核规定》第二十八条规定，事业单位工作人员年度考核被确定为合格以上档次的，按照下列规定办理：

（1）增加一级薪级工资；

（2）按照有关规定发放绩效工资；

（3）本考核年度计算为现聘岗位（职员）等级的任职年限。

其中，年度考核被确定为优秀档次的，在绩效工资分配时，同等条件下应当予以倾斜；在岗位晋升、职称评聘时，同等条件下应当予以优先考虑。

39. 年度考核被确定为基本合格档次的，考核结果如何运用？

《事业单位工作人员考核规定》第二十九条规定，事业单位工作人员年度考核被确定为基本合格档次的，按照下列规定办理：

（1）责令作出书面检查，限期改进；

（2）不得增加薪级工资；

（3）相应核减绩效工资；

（4）本考核年度不计算为现聘岗位（职员）等级的任职年限，下一考核年度内不得晋升岗位（职员）等级；

（5）连续两年被确定为基本合格档次的，予以组织调整或者组织处理。

40. 年度考核被确定为不合格档次的，考核结果如何运用?

《事业单位工作人员考核规定》第三十条规定，事业单位工作人员年度考核被确定为不合格档次的，按照下列规定办理：

（1）不得增加薪级工资；

（2）相应核减绩效工资；

（3）向低一级岗位（职员）等级调整；

（4）本考核年度不计算为现聘岗位（职员）等级的任职年限；

（5）被确定为不合格档次且不同意调整工作岗位，或者连续两年被确定为不合格档次的，可以按规定解除聘用（任）合同。

其中，受处理、处分时已按规定降低岗位（职员）等级且当年年度考核被确定为不合格档次的，为避免重复处罚，不再向低一级岗位（职员）等级调整。

41. 年度考核不确定档次的，考核结果如何运用?

《事业单位工作人员考核规定》第三十一条规定，事业单位工作人员年度考核不确定档次的，按照下列规定办理：

（1）不得增加薪级工资；

（2）相应核减绩效工资；

（3）本考核年度不计算为现聘岗位（职员）等级的任职年限，连续两年不确定档次的，视情况调整工作岗位。

42. 聘期考核的结果如何运用?

《事业单位工作人员考核规定》第三十二条规定,事业单位工作人员聘期考核被确定为合格档次且所聘岗位存续的,经本人、单位协商一致,可以续订聘用(任)合同。

聘期考核被确定为不合格档次的,合同期满一般不再续聘;特殊情况确需续订聘用(任)合同的,应当报经主管机关(部门)审核同意。

43. 平时考核、专项考核的结果如何运用?

《事业单位工作人员考核规定》第三十四条规定,平时考核、专项考核结果作为年度考核、聘期考核的重要参考。

运用平时考核、专项考核结果,有针对性地加强激励约束、培养教育,鼓励先进、鞭策落后。

44. 考核中发现事业单位工作人员存在问题的,应当如何处理?

《事业单位工作人员考核规定》第三十五条规定,考核中发现事业单位工作人员存在问题的,根据问题性质和情节轻重,依规依纪依法给予处理、处分;对涉嫌犯罪的,依法追究刑事责任。

45. 对事业单位外派的工作人员如何进行年度考核?

《事业单位工作人员考核规定》第三十八条规定,对事业单位外派的工作人员进行年度考核,按照下列规定办理:

(1)挂职、援派、驻外的工作人员,在外派期间一般由工作时间超过考核年度半年的单位进行考核并以适当的方式听取派出单位或者接收单位的意见。

(2)单位派出学习培训、执行任务的工作人员,经批准以兼职创新、在职创办企业或者选派到企业工作、参与项目合作等方式进行创新创业的专业技术人员,由人事关系所在单位进行考核,主要根据学习培训、执行任务、创新创业的表现确定档次,由相关单位提供在外表现情况。

46. 事业单位工作人员涉嫌违纪违法被立案审查调查尚未结案的,参加年度考核吗?

《事业单位工作人员考核规定》第四十二条规定,事业单位工作人员涉嫌违纪违法被立案审查调查尚未结案的,参加年度考核,不写评语,不确定档次。结案后未受处分或者给予警告处分的,按规定补定档次。

47. 事业单位工作人员培训分为几种?

《事业单位工作人员培训规定》第五条规定,事业单位工作人员培训分为岗前培训、在岗培训、转岗培训和专项培训，根据不同行业、不同类型、不同岗位特点，按照规定的方式进行。

48. 岗前培训的内容和方式是什么？

根据《事业单位工作人员培训规定》第八条、第九条的规定，事业单位工作人员岗前培训内容包括公共科目和专业科目。公共科目包括应当普遍掌握的政治理论、法律法规、政策知识、行为规范、纪律要求等。专业科目包括所聘或者拟聘岗位所需的理论、知识、技术、技能等。

岗前公共科目培训由事业单位人事综合管理部门编制计划，统一组织或者委托专门培训机构组织，或者授权主管部门、事业单位按规定组织，一般采取脱产培训方式进行。岗前专业科目培训由主管部门或者事业单位组织，一般采取脱产培训、网络培训、以师带徒等方式进行。

49. 在岗培训的内容和方式是什么？

根据《事业单位工作人员培训规定》第十二条至第十五条的规定，管理人员在岗培训内容包括公共科目和专业科目。公共科目参照该规定第八条执行，专业科目包括所聘岗位需要更新的政策法规、理论知识和管理实务，包括公共管理、财务、资产、人事、外事、安全、保密、信息化等。

管理人员在岗期间公共科目培训由主管部门负责，统一组织或者委托专门培训机构组织，一般采取脱产培训、网络培训、在职自学等方式进行，在一个聘期内至少参加一次不少于 20 学时或者 3 天的公共科目脱产培训。

管理人员在岗期间专业科目培训由主管部门负责，统一组织或者委托专门培训机构组织，或者授权事业单位按规定组织，一般采取脱产培训、网络培训、集体学习等方式进行。

专业技术人员、工勤技能人员在岗培训分别按照继续教育、职业技能培训等相关规定执行，注重加强政治理论、职业道德、爱国奉献精神等方面培训。

50. 事业单位不得到哪些风景名胜区召开会议?

中共中央办公厅、国务院办公厅印发的《关于严禁党政机关到风景名胜区开会的通知》第一条规定，各级党政机关一律不得到八达岭—十三陵、承德避暑山庄外八庙、五台山、太湖、普陀山、黄山、九华山、武夷山、庐山、泰山、嵩山、武当山、武陵源（张家界）、白云山、桂林漓江、三亚热带海滨、峨眉山—乐山大佛、九寨沟—黄龙、黄果树、西双版纳、华山 21 个风景名胜区召开会议，禁止召开会议的区域范围以风景名胜区总体规划确定的核心景区地域范围为准。

第六条规定，该通知适用于各级党的机关、人大机关、行政机关、政协机关、审判机关、检察机关，以及工会、共青团、妇联等人民团体和参照公务员法管理的事业单位。

51. 可以跨行政区域召开会议吗?

《关于严禁党政机关到风景名胜区开会的通知》第二条规定,地方各级党政机关的会议一律在本行政区域内召开,不得到其他地区召开;因工作需要确需跨行政区域召开会议的,必须报同级党委、政府批准。风景名胜区核心景区与地方政府主要行政区域高度重合的,当地党政机关应当在机关内部会议场所或定点饭店召开会议。中央和国家机关各部门到京外召开会议的,必须严格执行会议费管理有关规定。

会议主办单位要合理安排会议日程,严格遵守报到、离会时限,严禁超出规定时限为参会人员提供食宿,严禁组织与会议无关的参观、考察等活动。

52. 会议期间可以发放纪念品吗?

《党政机关厉行节约反对浪费条例》第三十一条规定,会议召开场所实行政府采购定点管理。会议住宿用房以标准间为主,用餐安排自助餐或者工作餐。

会议期间,不得安排宴请,不得组织旅游以及与会议无关的参观活动,不得以任何名义发放纪念品。

完善会议费报销制度。未经批准以及超范围、超标准开支的会议费用,一律不予报销。严禁违规使用会议费购置办公设备,严禁列支公务接待费等与会议无关的任何费用,严禁套取会议资金。

53. 可以以培训名义召开会议吗?

《党政机关厉行节约反对浪费条例》第三十二条规定,建立健全培训审批制度,严格控制培训数量、时间、规模,严禁以培训名义召开会议。

严格执行分类培训经费开支标准,严格控制培训经费支出范围,严禁在培训经费中列支公务接待费、会议费等与培训无关的任何费用。严禁以培训名义进行公款宴请、公款旅游活动。

54. 可以以历史文化、特色物产、单位成立等名义举办论坛吗?

《党政机关厉行节约反对浪费条例》第三十三条规定,未经批准,党政机关不得以公祭、历史文化、特色物产、单位成立、行政区划变更、工程奠基或者竣工等名义举办或者委托、指派其他单位举办各类节会、庆典活动,不得举办论坛、博览会、展会活动。严禁使用财政性资金举办营业性文艺晚会。从严控制举办大型综合性运动会和各类赛会。

经批准的节会、庆典、论坛、博览会、展会、运动会、赛会等活动,应当严格控制规模和经费支出,不得向下属单位摊派费用,不得借举办活动发放各类纪念品,不得超出规定标准支付费用邀请名人、明星参与活动。为举办活动专门配备的设备在活动结束后应当及时收回。

55. **干部个人参加社会化培训的费用，可以由财政经费和单位经费报销吗？**

《干部教育培训工作条例》第十六条规定，干部个人参加社会化培训，费用一律由本人承担，不得由财政经费和单位经费报销，不得接受任何机构和他人的资助或者变相资助。

三、公务用车、办公用房、公务差旅

56. 配备公务用车应当执行什么标准?

公务用车,是指党政机关配备的用于定向保障公务活动的机动车辆,包括机要通信用车、应急保障用车、执法执勤用车、特种专业技术用车以及其他按照规定配备的公务用车。

根据《党政机关公务用车管理办法》第二条的规定,该办法适用于参照公务员法管理的事业单位。

第七条规定,党政机关配备公务用车应当严格执行以下标准:

(1)机要通信用车配备价格 12 万元以内、排气量 1.6 升(含)以下的轿车或者其他小型客车。

(2)应急保障用车和其他按照规定配备的公务用车配备价格 18 万元以内、排气量 1.8 升(含)以下的轿车或者其他小型客车。确因情况特殊,可以适当配备价格 25 万元以内、排气量 3.0 升(含)以下的其他小型客车、中型客车或者价格 45 万元以内的大型客车。

(3)执法执勤用车配备价格 12 万元以内、排气量 1.6 升(含)以下的轿车或者其他小型客车,因工作需要可以配备价格 18 万元以内、排气量 1.8 升(含)以下的轿车或者其他小型客车。确因情况特殊,可以适当配备价格 25 万元以内、排气量

3.0 升（含）以下的其他小型客车、中型客车或者价格 45 万元以内的大型客车。

（4）特种专业技术用车配备标准由有关部门会同财政部门按照保障工作需要、厉行节约的原则确定。

公务用车配备新能源轿车的，价格不得超过 18 万元。

上述配备标准应当根据公务保障需要、汽车行业技术发展、市场价格变化等因素适时调整。

57. 因工作需要可以配备越野车吗？

《党政机关公务用车管理办法》第十四条规定，地方各级党政机关确因工作需要超出规定标准配备公务用车的，必须报省级公务用车主管部门批准。

党政机关原则上不配备越野车。确因工作需要，按照程序报批后，可以适当配备国产越野车。越野车不得作为领导干部固定用车。

58. 可以将公务用车产权注册登记在个人名下吗？

《党政机关公务用车管理办法》第十五条规定，除涉及国家安全、侦查办案等有保密要求的特殊工作用车外，党政机关公务用车产权注册登记所有人应当为本机关法人，不得将公务用车登记在下属单位、企业或者个人名下。

59. 可以既领取公务交通补贴又使用公务用车吗?

《党政机关公务用车管理办法》第十六条规定,党政机关应当加强公务用车使用管理,严格按照规定使用公务用车,严禁公车私用、私车公养,不得既领取公务交通补贴又违规使用公务用车。

60. 如何严格公务用车使用管理制度?

《党政机关公务用车管理办法》第二十条规定,党政机关应当建立健全公务用车使用管理制度,严格执行,加强监督,降低运行成本。

严格公务用车使用时间、事由、地点、里程、油耗、费用等信息登记和公示制度。严格执行回单位或者其他指定地点停放制度,节假日期间除工作需要外应当封存停驶。

实行公务用车保险、维修、加油政府集中采购和定点保险、定点维修、定点加油制度,健全公务用车油耗、运行费用单车核算和年度绩效评价制度。

61. 公务用车更新应满足什么条件?

《党政机关公务用车管理办法》第二十二条规定,公务用车使用年限超过 8 年的可以更新;达到更新年限仍能继续使用的,应当继续使用。因安全等原因确需提前更新的,应当严格履行审批手续。

公务用车按照规定更新后，可以采取拍卖、厂家回收、报废等方式规范处置旧车。处置收入按照非税收入有关规定管理。

62. 公务用车主管部门有哪些情形的，依纪依法追究相关人员责任?

《党政机关公务用车管理办法》第二十五条规定，公务用车主管部门有下列情形之一的，依纪依法追究相关人员责任：

（1）违规核定公务用车编制的；

（2）违规审批超编制、超标准配备公务用车的；

（3）违规审批未到年限更新公务用车的；

（4）违规安排公务用车经费预算的；

（5）有其他未按规定履行管理监督职责行为的。

63. 有哪些违反公务用车配备使用管理规定情形的，依纪依法追究相关人员责任?

《党政机关公务用车管理办法》第二十六条规定，党政机关有下列情形之一的，依纪依法追究相关人员责任：

（1）超编制、超标准配备公务用车的；

（2）违反规定将公务用车登记在下属单位、企业或者个人名下的；

（3）公车私用、私车公养，或者既领取公务交通补贴又违规使用公务用车的；

（4）换用、借用、占用下属单位或者其他单位和个人的车辆，或者擅自接受企事业单位和个人赠送车辆的；

（5）挪用或者固定给个人使用执法执勤、机要通信等公务用车的；

（6）为公务用车增加高档配置或者豪华内饰的；

（7）在车辆维修等费用中虚列名目或者夹带其他费用，为非本单位车辆报销运行维护费用的；

（8）违规处置公务用车的；

（9）有其他违反公务用车配备使用管理规定行为的。

64. 党政机关办公用房配置所需资金如何解决？

党政机关办公用房，是指党政机关占有、使用或者可以确认属于机关资产的，为保障党政机关正常运行需要设置的基本工作场所，包括办公室、服务用房、设备用房和附属用房。

根据《党政机关办公用房管理办法》第二条第二款的规定，该办法所称党政机关，是指党的机关、人大机关、行政机关、政协机关、监察机关、审判机关、检察机关，以及工会、共青团、妇联等人民团体和参照公务员法管理的事业单位。

第十六条规定，党政机关办公用房配置所需资金，应当通过政府预算安排，不得接受任何形式赞助或者捐款，不得搞任何形式集资或者摊派，不得向其他任何单位借款，不得让施工单位垫资，严禁挪用各类专项资金。

土地收益和资产转让收益按照非税收入有关规定管理，不得直接用于办公用房配置。涉及新增资产的，应当向财政部门申报新增资产配置预算。

65. 领导干部在不同单位同时任职的，怎样安排办公用房?

《党政机关办公用房管理办法》第十九条第二款规定，领导干部在不同单位同时任职的，应当在主要任职单位安排 1 处办公用房；主要任职单位与兼职单位相距较远且经常到兼职单位工作的，经严格审批后，可以由兼职单位再安排 1 处小于标准面积的办公用房，并在免去兼任职务后 2 个月内腾退兼职单位安排的办公用房。

66. 可以将闲置的办公用房进行出租、拍卖吗?

《党政机关办公用房管理办法》第二十八条规定，党政机关办公用房有下列情形之一闲置的，可以按照有关规定采取调剂使用、转换用途、置换、出租、拍卖、拆除等方式及时处置利用：

（1）同级党政机关办公用房总量满足使用需求，仍有余量的；

（2）因地理位置、周边环境、房屋结构等原因，不适合继续作为办公用房使用的；

（3）因城乡规划调整等需要拆迁的；

（4）经专业机构鉴定属于危房，且无加固改造价值的；

（5）其他原因导致办公用房闲置的。

处置利用党政机关办公用房涉及权属、用途等变更的，应当依法办理相关手续。

67. 办公用房管理部门有哪些情形时，依纪依法追究相关人员责任?

《党政机关办公用房管理办法》第三十五条第二款规定，管理部门有下列情形之一的，依纪依法追究相关人员责任：

（1）违规审批项目或者安排投资计划、预算的；

（2）不按照规定履行调剂、置换、租用、建设等审批程序的；

（3）为使用单位超标准配置办公用房的；

（4）不按照规定处置办公用房的；

（5）办公用房管理信息统计报送中瞒报、漏报的；

（6）对发现的违规问题不及时处理的；

（7）有其他违反办公用房管理规定情形的。

68. 办公用房使用单位有哪些情形时，依纪依法追究相关人员责任?

《党政机关办公用房管理办法》第三十五条第三款规定，使用单位有下列情形之一的，依纪依法追究相关人员责任：

（1）擅自将办公用房权属登记至本单位或者所属单位名下，或者不配合办理权属登记的；

（2）未经批准建设或者大中修办公用房的；

（3）不按规定腾退移交办公用房的；

（4）未经批准租用、借用办公用房的；

（5）擅自改变办公用房使用功能或者处置办公用房的；

（6）擅自安排企事业单位、社会组织等使用机关办公用房的；

（7）为工作人员超标准配备办公用房，或者未经批准配备两处以上办公用房的；

（8）有其他违反办公用房管理规定情形的。

69. 国内差旅人员住宿、就餐可以由接待单位承担吗？

《党政机关厉行节约反对浪费条例》第十四条规定，国内差旅人员应当严格按规定乘坐交通工具、住宿、就餐，费用由所在单位承担。

差旅人员住宿、就餐由接待单位协助安排的，必须按标准交纳住宿费、餐费。差旅人员不得向接待单位提出正常公务活动以外的要求，不得接受礼金、礼品和土特产品等。

70. 可以安排考察性出访吗？

《党政机关厉行节约反对浪费条例》第十五条规定，统筹安排年度因公临时出国计划，严格控制团组数量和规模，不得安排照顾性、无实质内容的一般性出访，不得安排考察性出访，严禁集中安排赴热门国家和地区出访，严禁以各种名义变相公款出国旅游。严格执行因公临时出国限量管理规定，不得把出国作为个人待遇、安排轮流出国。严格控制跨地区、跨部门团组。

组织、外专等有关部门应当加强出国培训总体规划和监督管理，严格控制出国培训规模，科学设置培训项目，择优选派培训对象，提高出国培训的质量和实效。

71. 可以使用出国经费预算以外资金作为因公出国经费吗?

《党政机关厉行节约反对浪费条例》第十六条规定，外事管理部门应当加强因公临时出国审核审批管理，对违反规定、不适合成行的团组予以调整或者取消。

加强因公临时出国经费预算总额控制，严格执行经费先行审核制度。无出国经费预算安排的不予批准，确有特殊需要的，按规定程序报批。严禁违反规定使用出国经费预算以外资金作为出国经费，严禁向所属单位、企业、我国驻外机构等摊派或者转嫁出国费用。

72. 在国内交往中因各种原因未能拒收的礼品，怎么处理?

根据中共中央办公厅、国务院办公厅《关于对党和国家机关工作人员在国内交往中收受的礼品实行登记制度的规定》第二条至第四条的规定，党和国家机关工作人员在国内交往中，不得收受可能影响公正执行公务的礼品馈赠，因各种原因未能拒收的礼品，必须登记上交。

党和国家机关工作人员在国内交往（不含亲友之间的交往）中收受的其他礼品，除价值不大的以外，均须登记。

按照上述规定须登记的礼品，自收受礼品之日起（在外地接受礼品的，自回本单位之日起）一个月内由本人如实填写礼品登记表，并将登记表交所在机关指定的受理登记的部门。受理登记的部门可将礼品的登记情况在本机关内公布。

登记的礼品按规定应上交的，与礼品登记表一并上交所在机关指定的受理登记的部门。

对于收受后应登记、上交的礼品在规定期限内不登记或不如实登记、不上交的，由所在党组织、行政部门或纪检监察机关责令其登记、上交，并给予批评教育或者党纪处分、政务处分或者其他处分。

四、国有资产管理、财务管理

73. 事业单位国有资产的表现形式有哪些?

根据《事业单位国有资产管理暂行办法》第三条的规定,事业单位国有资产,是指事业单位占有、使用的,依法确认为国家所有,能以货币计量的各种经济资源的总称,即事业单位的国有(公共)财产。

事业单位国有资产包括国家拨给事业单位的资产,事业单位按照国家规定运用国有资产组织收入形成的资产,以及接受捐赠和其他经法律确认为国家所有的资产,其表现形式为流动资产、固定资产、无形资产和对外投资等。

74. 什么是流动资产?

《事业单位财务规则》第四十条规定,流动资产是指可以在一年以内变现或者耗用的资产,包括现金、各种存款、应收及预付款项、存货等。

前述存货是指事业单位在开展业务活动及其他活动中为耗用或出售而储存的资产,包括材料、燃料、包装物和低值易耗品以及未达到固定资产标准的用具、装具、动植物等。

事业单位货币性资产损失核销，应当经主管部门审核同意后报本级财政部门审批。

75. 什么是固定资产？

《事业单位财务规则》第四十一条规定，固定资产是指使用期限超过一年，单位价值在 1000 元以上，并在使用过程中基本保持原有物质形态的资产。单位价值虽未达到规定标准，但是耐用时间在一年以上的大批同类物资，作为固定资产管理。

行业事业单位的固定资产明细目录由国务院主管部门制定，报国务院财政部门备案。

76. 什么是无形资产？

《事业单位财务规则》第四十三条规定，无形资产是指不具有实物形态而能为使用者提供某种权利的资产，包括专利权、商标权、著作权、土地使用权、非专利技术以及其他财产权利。

事业单位转让无形资产取得的收入、取得无形资产发生的支出，应当按照国家有关规定处理。

77. 什么是对外投资？

《事业单位财务规则》第四十四条规定，对外投资是指事业单位依法利用货币资金、实物、无形资产等方式向其他单位的投资。

事业单位应当严格控制对外投资。利用国有资产对外投资应当有利于事业发展和实现国有资产保值增值，符合国家有关规定，经可行性研究和集体决策，按照规定的权限和程序进行。事业单位不得使用财政拨款及其结余进行对外投资，不得从事股票、期货、基金、企业债券等投资，国家另有规定的除外。

事业单位应当明确对外投资形成的股权及其相关权益管理责任，按照国家有关规定将对外投资形成的股权纳入经营性国有资产集中统一监管体系。

78. 各级财政部门的主要职责有哪些?

《事业单位国有资产管理暂行办法》第六条规定，各级财政部门是政府负责事业单位国有资产管理的职能部门，对事业单位的国有资产实施综合管理。其主要职责是：

（1）根据国家有关国有资产管理的规定，制定事业单位国有资产管理的规章制度，并组织实施和监督检查；

（2）研究制定本级事业单位实物资产配置标准和相关的费用标准，组织本级事业单位国有资产的产权登记、产权界定、产权纠纷调处、资产评估监管、资产清查和统计报告等基础管理工作；

（3）按规定权限审批本级事业单位有关资产购置、处置和利用国有资产对外投资、出租、出借和担保等事项，组织事业单位长期闲置、低效运转和超标准配置资产的调剂工作，建立事业单位国有资产整合、共享、共用机制；

（4）推进本级有条件的事业单位实现国有资产的市场化、社会化，加强事业单位转企改制工作中国有资产的监督管理；

（5）负责本级事业单位国有资产收益的监督管理；

（6）建立和完善事业单位国有资产管理信息系统，对事业单位国有资产实行动态管理；

（7）研究建立事业单位国有资产安全性、完整性和使用有效性的评价方法、评价标准和评价机制，对事业单位国有资产实行绩效管理；

（8）监督、指导本级事业单位及其主管部门、下级财政部门的国有资产管理工作。

79. 事业单位的主管部门的主要职责有哪些？

《事业单位国有资产管理暂行办法》第七条规定，事业单位的主管部门（以下简称主管部门）负责对本部门所属事业单位的国有资产实施监督管理。其主要职责是：

（1）根据本级和上级财政部门有关国有资产管理的规定，制定本部门事业单位国有资产管理的实施办法，并组织实施和监督检查；

（2）组织本部门事业单位国有资产的清查、登记、统计汇总及日常监督检查工作；

（3）审核本部门所属事业单位利用国有资产对外投资、出租、出借和担保等事项，按规定权限审核或者审批有关资产购置、处置事项；

（4）负责本部门所属事业单位长期闲置、低效运转和超标准配置资产的调剂工作，优化事业单位国有资产配置，推动事业单位国有资产共享、共用；

（5）督促本部门所属事业单位按规定缴纳国有资产收益；

（6）组织实施对本部门所属事业单位国有资产管理和使用情况的评价考核；

（7）接受同级财政部门的监督、指导并向其报告有关事业单位国有资产管理工作。

80. 事业单位对本单位国有资产实施具体管理的主要职责是什么？

《事业单位国有资产管理暂行办法》第八条规定，事业单位负责对本单位占有、使用的国有资产实施具体管理。其主要职责是：

（1）根据事业单位国有资产管理的有关规定，制定本单位国有资产管理的具体办法并组织实施；

（2）负责本单位资产购置、验收入库、维护保管等日常管理，负责本单位资产的账卡管理、清查登记、统计报告及日常监督检查工作；

（3）办理本单位国有资产配置、处置和对外投资、出租、出借和担保等事项的报批手续；

（4）负责本单位用于对外投资、出租、出借和担保的资产的保值增值，按照规定及时、足额缴纳国有资产收益；

（5）负责本单位存量资产的有效利用，参与大型仪器、设备等资产的共享、共用和公共研究平台建设工作；

（6）接受主管部门和同级财政部门的监督、指导并向其报告有关国有资产管理工作。

81. 事业单位国有资产配置应当符合什么条件？

事业单位国有资产配置是指财政部门、主管部门、事业单位等根据事业单位履行职能的需要，按照国家有关法律、法规和规章制度规定的程序，通过购置或者调剂等方式为事业单位配备资产的行为。

《事业单位国有资产管理暂行办法》第十二条规定，事业单位国有资产配置应当符合以下条件：

（1）现有资产无法满足事业单位履行职能的需要；

（2）难以与其他单位共享、共用相关资产；

（3）难以通过市场购买产品或者服务的方式代替资产配置，或者采取市场购买方式的成本过高。

82. 事业单位申请购置规定限额以上资产的，应当履行什么报批程序？

根据《事业单位国有资产管理暂行办法》第十五条至第十七条的规定，事业单位向财政部门申请用财政性资金购置规定限额以上资产的（包括事业单位申请用财政性资金举办大型会议、活动需要进行的购置），除国家另有规定外，按照下列程序报批：

（1）年度部门预算编制前，事业单位资产管理部门会同财务部门审核资产存量，提出下一年度拟购置资产的品目、数量，测算经费额度，报主管部门审核；

（2）主管部门根据事业单位资产存量状况和有关资产配置标准，审核、汇总事业单位资产购置计划，报同级财政部门审批；

（3）同级财政部门根据主管部门的审核意见，对资产购置计划进行审批；

（4）经同级财政部门批准的资产购置计划，事业单位应当列入年度部门预算，并在上报年度部门预算时附送批复文件等相关材料，作为财政部门批复部门预算的依据。

事业单位向主管部门或者其他部门申请项目经费的，有关部门在下达经费前，应当将所涉及的规定限额以上的资产购置事项报同级财政部门批准。

事业单位用其他资金购置规定限额以上资产的，报主管部门审批；主管部门应当将审批结果定期报同级财政部门备案。

83. 事业单位国有资产处置应当遵循什么原则？

事业单位国有资产处置，是指事业单位对其占有、使用的国有资产进行产权转让或者注销产权的行为。处置方式包括出售、出让、转让、对外捐赠、报废、报损以及货币性资产损失核销等。

《事业单位国有资产管理暂行办法》第二十八条规定，事业单位国有资产处置应当遵循公开、公正、公平的原则。

事业单位出售、出让、转让、变卖资产数量较多或者价值较高的，应当通过拍卖等市场竞价方式公开处置。

84. 事业单位国有资产产权登记的内容有哪些?

事业单位国有资产产权登记是国家对事业单位占有、使用的国有资产进行登记,依法确认国家对国有资产的所有权和事业单位对国有资产的占有、使用权的行为。

《事业单位国有资产管理暂行办法》第三十三条规定,事业单位国有资产产权登记的内容主要包括:

(1)单位名称、住所、负责人及成立时间;

(2)单位性质、主管部门;

(3)单位资产总额、国有资产总额、主要实物资产额及其使用状况、对外投资情况;

(4)其他需要登记的事项。

85. 事业单位应当对相关国有资产进行评估的情形有哪些?

《事业单位国有资产管理暂行办法》第三十八条规定,事业单位有下列情形之一的,应当对相关国有资产进行评估:

(1)整体或者部分改制为企业;

(2)以非货币性资产对外投资;

(3)合并、分立、清算;

(4)资产拍卖、转让、置换;

(5)整体或者部分资产租赁给非国有单位;

(6)确定涉讼资产价值;

(7)法律、行政法规规定的其他需要进行评估的事项。

86. 事业单位可以不进行资产评估的情形有哪些?

《事业单位国有资产管理暂行办法》第三十九条规定,事业单位有下列情形之一的,可以不进行资产评估:

(1)经批准事业单位整体或者部分资产无偿划转;

(2)行政、事业单位下属的事业单位之间的合并、资产划转、置换和转让;

(3)国家设立的研究开发机构、高等院校将其持有的科技成果转让、许可或者作价投资给国有全资企业的;

(4)发生其他不影响国有资产权益的特殊产权变动行为,报经同级财政部门确认可以不进行资产评估的。

87. 事业单位应当进行资产清查的情形有哪些?

《事业单位国有资产管理暂行办法》第四十三条规定,事业单位有下列情形之一的,应当进行资产清查:

(1)根据国家专项工作要求或者本级政府实际工作需要,被纳入统一组织的资产清查范围的;

(2)进行重大改革或者整体、部分改制为企业的;

(3)遭受重大自然灾害等不可抗力造成资产严重损失的;

(4)会计信息严重失真或者国有资产出现重大流失的;

(5)会计政策发生重大更改,涉及资产核算方法发生重要变化的;

(6)同级财政部门认为应当进行资产清查的其他情形。

88. 事业单位资产清查工作的内容是什么？

《事业单位国有资产管理暂行办法》第四十五条规定，事业单位资产清查工作的内容主要包括基本情况清理、账务清理、财产清查、损溢认定、资产核实和完善制度等。资产清查的具体办法由财政部另行制定。

89. 事业单位及其工作人员有哪些违反国有资产管理办法的行为时应受到处罚、处理、处分？

《事业单位国有资产管理暂行办法》第五十二条规定，事业单位及其工作人员违反本办法，有下列行为之一的，依据《财政违法行为处罚处分条例》的规定进行处罚、处理、处分：

（1）以虚报、冒领等手段骗取财政资金的；

（2）擅自占有、使用和处置国有资产的；

（3）擅自提供担保的；

（4）通过串通作弊、暗箱操作等低价处置国有资产的；

（5）未按规定缴纳国有资产收益的。

90. 事业单位财务管理的基本原则和主要任务是什么？

《事业单位财务规则》第三条规定，事业单位财务管理的基本原则是：执行国家有关法律、法规和财务规章制度；坚持勤俭办一切事业的方针；正确处理事业发展需要和资金供给的关系，社会效益和经济效益的关系，国家、单位和个人三者利益的关系。

第四条规定，事业单位财务管理的主要任务是：合理编制单位预算，严格预算执行，完整、准确编制单位决算报告和财务报告，真实反映单位预算执行情况、财务状况和运行情况；依法组织收入，努力节约支出；建立健全财务制度，加强经济核算，全面实施绩效管理，提高资金使用效益；加强资产管理，合理配置和有效利用资产，防止资产流失；加强对单位经济活动的财务控制和监督，防范财务风险。

91. 国家对事业单位实行什么预算管理办法？

《事业单位财务规则》第八条规定，国家对事业单位实行核定收支、定额或者定项补助、超支不补、结转和结余按规定使用的预算管理办法。

定额或者定项补助根据国家有关政策和财力可能，结合事业单位改革要求、事业特点、事业发展目标和计划、事业单位收支及资产状况等确定。定额或者定项补助可以为零。

非财政补助收入大于支出较多的事业单位，可以实行收入上缴办法。具体办法由财政部门会同有关主管部门制定。

92. 事业单位收入包括哪些？

事业单位收入是指事业单位为开展业务及其他活动依法取得的非偿还性资金。

《事业单位财务规则》第十七条规定，事业单位收入包括：

（1）财政补助收入，即事业单位从本级财政部门取得的各类财政拨款。

（2）事业收入，即事业单位开展专业业务活动及其辅助活动取得的收入。其中：按照国家有关规定应当上缴国库或者财政专户的资金，不计入事业收入；从财政专户核拨给事业单位的资金和经核准不上缴国库或者财政专户的资金，计入事业收入。

（3）上级补助收入，即事业单位从主管部门和上级单位取得的非财政补助收入。

（4）附属单位上缴收入，即事业单位附属独立核算单位按照有关规定上缴的收入。

（5）经营收入，即事业单位在专业业务活动及其辅助活动之外开展非独立核算经营活动取得的收入。

（6）其他收入，即本条上述规定范围以外的各项收入，包括投资收益、利息收入、捐赠收入、非本级财政补助收入、租金收入等。

93. 事业单位支出包括哪些?

事业单位支出是指事业单位开展业务及其他活动发生的资金耗费和损失。

《事业单位财务规则》第二十一条规定，事业单位支出包括：

（1）事业支出，即事业单位开展专业业务活动及其辅助活动发生的基本支出和项目支出。基本支出，是指事业单位为保障其单位正常运转、完成日常工作任务所发生的支出，包括人员经费和公用经费；项目支出，是指事业单位为完成其特定的工作任务和事业发展目标所发生的支出。

（2）经营支出，即事业单位在专业业务活动及其辅助活动之外开展非独立核算经营活动发生的支出。

（3）对附属单位补助支出，即事业单位用财政补助收入之外的收入对附属单位补助发生的支出。

（4）上缴上级支出，即事业单位按照财政部门和主管部门的规定上缴上级单位的支出。

（5）其他支出，即本条上述规定范围以外的各项支出，包括利息支出、捐赠支出等。

94. 事业单位的支出有什么要求？

根据《事业单位财务规则》第二十二条至第二十四条的规定，事业单位应当将各项支出全部纳入单位预算，实行项目库管理，建立健全支出管理制度。

事业单位的支出应当厉行节约，严格执行国家有关财务规章制度规定的开支范围及开支标准；国家有关财务规章制度没有统一规定的，由事业单位规定，报主管部门和财政部门备案。事业单位的规定违反法律制度和国家政策的，主管部门和财政部门应当责令改正。

事业单位从财政部门和主管部门取得的有指定项目和用途的专项资金，应当专款专用、单独核算，并按照规定报送专项资金使用情况的报告，接受财政部门或者主管部门的检查、验收。

95. 事业单位专用基金包括哪些?

事业单位专用基金是指事业单位按照规定提取或者设置的有专门用途的资金。

专用基金管理应当遵循先提后用、专款专用的原则,支出不得超出基金规模。

《事业单位财务规则》第三十三条规定,专用基金包括职工福利基金和其他专用基金。

职工福利基金是指按照非财政拨款结余的一定比例提取以及按照其他规定提取转入,用于单位职工的集体福利设施、集体福利待遇等的资金。

其他专用基金是指除职工福利基金外,按照有关规定提取或者设置的专用资金。

96. 事业单位的负债包括哪些?

事业单位的负债是指事业单位所承担的能以货币计量,需要以资产或者劳务偿还的债务。

《事业单位财务规则》第四十九条规定,事业单位的负债包括借入款项、应付款项、暂存款项、应缴款项等。

应缴款项包括事业单位按照国家有关规定收取的应当上缴国库或者财政专户的资金、应缴税费,以及其他应当上缴的款项。

97. 事业单位如何进行清算？

事业单位发生划转、改制、撤销、合并、分立时，应当进行清算。

《事业单位财务规则》第五十三条规定，事业单位清算，应当在主管部门和财政部门的监督指导下，对单位的财产、债权、债务等进行全面清理，编制财产目录和债权、债务清单，提出财产作价依据和债权、债务处理办法，做好资产和负债的移交、接收、划转和管理工作，并妥善处理各项遗留问题。

98. 事业单位清算结束后，其资产和负债如何处理？

《事业单位财务规则》第五十四条规定，事业单位清算结束后，经主管部门审核并报财政部门批准，其资产和负债分别按照下列办法处理：

（1）因隶属关系改变，成建制划转的事业单位，全部资产和负债无偿移交，并相应划转经费指标。

（2）转为企业的事业单位，全部资产扣除负债后，转作国家资本金。

（3）撤销的事业单位，全部资产和负债由主管部门和财政部门核准处理。

（4）合并的事业单位，全部资产和负债移交接收单位或者新组建单位，合并后多余的资产由主管部门和财政部门核准处理。

（5）分立的事业单位，全部资产和负债按照有关规定移交分立后的事业单位，并相应划转经费指标。

99. 事业单位财务监督主要包括什么？有哪些要求？

根据《事业单位财务规则》第六十条至第六十三条的规定，事业单位财务监督主要包括对预算管理、收入管理、支出管理、结转和结余管理、专用基金管理、资产管理、负债管理等的监督。

事业单位财务监督应当实行事前监督、事中监督、事后监督相结合，日常监督与专项监督相结合。

事业单位应当建立健全内部控制制度、经济责任制度、财务信息披露制度等监督制度，依法公开财务信息。

事业单位应当遵守财经纪律和财务制度，依法接受主管部门和财政、审计部门的监督。

五、主要领导人员经济责任审计

100. 领导干部经济责任审计对象包括哪些?

领导干部经济责任,是指领导干部在任职期间,对其管辖范围内贯彻执行党和国家经济方针政策、决策部署,推动经济和社会事业发展,管理公共资金、国有资产、国有资源,防控重大经济风险等有关经济活动应当履行的职责。

《党政主要领导干部和国有企事业单位主要领导人员经济责任审计规定》第四条规定,领导干部经济责任审计对象包括:

(1)地方各级党委、政府、纪检监察机关、法院、检察院的正职领导干部或者主持工作1年以上的副职领导干部;

(2)中央和地方各级党政工作部门、事业单位和人民团体等单位的正职领导干部或者主持工作1年以上的副职领导干部;

(3)国有和国有资本占控股地位或者主导地位的企业(含金融机构,以下统称国有企业)的法定代表人或者不担任法定代表人但实际行使相应职权的主要领导人员;

(4)上级领导干部兼任下级单位正职领导职务且不实际履行经济责任时,实际分管日常工作的副职领导干部;

(5)党中央和县级以上地方党委要求进行经济责任审计的其他主要领导干部。

101. 各级党委和政府如何加强对经济责任审计工作的领导?

《党政主要领导干部和国有企事业单位主要领导人员经济责任审计规定》第十条规定,各级党委和政府应当加强对经济责任审计工作的领导,建立健全经济责任审计工作联席会议(以下简称联席会议)制度。联席会议由纪检监察机关和组织、机构编制、审计、财政、人力资源社会保障、国有资产监督管理、金融监督管理等部门组成,召集人由审计委员会办公室主任担任。联席会议在同级审计委员会的领导下开展工作。

联席会议下设办公室,与同级审计机关内设的经济责任审计机构合署办公。办公室主任由同级审计机关的副职领导或者相当职务层次领导担任。

102. 制定年度经济责任审计项目计划的程序是什么?

《党政主要领导干部和国有企事业单位主要领导人员经济责任审计规定》第十三条规定,年度经济责任审计项目计划按照下列程序制定:

(1)审计委员会办公室商同级组织部门提出审计计划安排,组织部门提出领导干部年度审计建议名单;

(2)审计委员会办公室征求同级纪检监察机关等有关单位意见后,纳入审计机关年度审计项目计划;

(3)审计委员会办公室提交同级审计委员会审议决定。

对属于有关主管部门管理的领导干部进行审计的,审计委员会办公室商有关主管部门提出年度审计建议名单，纳入审计机关年度审计项目计划，提交审计委员会审议决定。

103. 事业单位主要领导干部经济责任审计的内容包括哪些?

根据《党政主要领导干部和国有企事业单位主要领导人员经济责任审计规定》第十八条的规定，事业单位主要领导干部经济责任审计的内容包括:

（1）贯彻执行党和国家经济方针政策、决策部署情况;

（2）本部门本单位重要发展规划和政策措施的制定、执行和效果情况;

（3）重大经济事项的决策、执行和效果情况;

（4）财政财务管理和经济风险防范情况，生态文明建设项目、资金等管理使用和效益情况，以及在预算管理中执行机构编制管理规定情况;

（5）在经济活动中落实有关党风廉政建设责任和遵守廉洁从政规定情况;

（6）以往审计发现问题的整改情况;

（7）其他需要审计的内容。

104. 被审计领导干部及其所在单位应当提供哪些资料?

《党政主要领导干部和国有企事业单位主要领导人员经济责任审计规定》第二十六条规定，被审计领导干部及其所在单位，以及其他有关单位应当及时、准确、完整地提供与被审计领导干部履行经济责任有关的下列资料：

（1）被审计领导干部经济责任履行情况报告；

（2）工作计划、工作总结、工作报告、会议记录、会议纪要、决议决定、请示、批示、目标责任书、经济合同、考核检查结果、业务档案、机构编制、规章制度、以往审计发现问题整改情况等资料；

（3）财政收支、财务收支相关资料；

（4）与履行职责相关的电子数据和必要的技术文档；

（5）审计所需的其他资料。

105. 审计报告包含哪些内容？

《党政主要领导干部和国有企事业单位主要领导人员经济责任审计规定》第三十条规定，审计组实施审计后，应当向派出审计组的审计委员会办公室、审计机关提交审计报告。

审计报告一般包括被审计领导干部任职期间履行经济责任情况的总体评价、主要业绩、审计发现的主要问题和责任认定、审计建议等内容。

106. 经济责任审计中发现的重大问题线索，应当如何处理？

《党政主要领导干部和国有企事业单位主要领导人员经济责任审计规定》第三十五条规定，经济责任审计中发现的重大问题线索，由审计委员会办公室按照规定向审计委员会报告。

应当由纪检监察机关或者有关主管部门处理的问题线索，

由审计机关依规依纪依法移送处理。

被审计领导干部所在单位存在的违反国家规定的财政收支、财务收支行为，依法应当给予处理处罚的，由审计机关在法定职权范围内作出审计决定。

107. 被审计领导干部对经济责任审计报告有异议的，应当如何申诉？

《党政主要领导干部和国有企事业单位主要领导人员经济责任审计规定》第三十七条规定，被审计领导干部对审计委员会办公室、审计机关出具的经济责任审计报告有异议的，可以自收到审计报告之日起 30 日内向同级审计委员会办公室申诉。审计委员会办公室应当组成复查工作小组，并要求原审计组人员等回避，自收到申诉之日起 90 日内提出复查意见，报审计委员会批准后作出复查决定。复查决定为最终决定。

地方审计机关主要领导干部对上一级审计机关出具的经济责任审计报告有异议的，可以自收到审计报告之日起 30 日内向上一级审计机关申诉。上一级审计机关应当组成复查工作小组，并要求原审计组人员等回避，自收到申诉之日起 90 日内作出复查决定。复查决定为最终决定。

本条规定的期间的最后一日是法定节假日的，以节假日后的第一个工作日为期间届满日。

108. 如何作出审计评价?

《党政主要领导干部和国有企事业单位主要领导人员经济责任审计规定》第三十八条规定,审计委员会办公室、审计机关应当根据不同领导职务的职责要求,在审计查证或者认定事实的基础上,综合运用多种方法,坚持定性评价与定量评价相结合,依照有关党内法规、法律法规、政策规定、责任制考核目标等,在审计范围内,对被审计领导干部履行经济责任情况,包括公共资金、国有资产、国有资源的管理、分配和使用中个人遵守廉洁从政(从业)规定等情况,作出客观公正、实事求是的评价。

审计评价应当有充分的审计证据支持,对审计中未涉及的事项不作评价。

109. 领导干部对履行经济责任过程中的哪些行为应当承担直接责任?

对领导干部履行经济责任过程中存在的问题,审计委员会办公室、审计机关应当按照权责一致原则,根据领导干部职责分工,综合考虑相关问题的历史背景、决策过程、性质、后果和领导干部实际所起的作用等情况,界定其应当承担的直接责任或者领导责任。

《党政主要领导干部和国有企事业单位主要领导人员经济责任审计规定》第四十条规定,领导干部对履行经济责任过程中的下列行为应当承担直接责任：

（1）直接违反有关党内法规、法律法规、政策规定的；

（2）授意、指使、强令、纵容、包庇下属人员违反有关党内法规、法律法规、政策规定的；

（3）贯彻党和国家经济方针政策、决策部署不坚决不全面不到位，造成公共资金、国有资产、国有资源损失浪费，生态环境破坏，公共利益损害等后果的；

（4）未完成有关法律法规规章、政策措施、目标责任书等规定的领导干部作为第一责任人（负总责）事项，造成公共资金、国有资产、国有资源损失浪费，生态环境破坏，公共利益损害等后果的；

（5）未经民主决策程序或者民主决策时在多数人不同意的情况下，直接决定、批准、组织实施重大经济事项，造成公共资金、国有资产、国有资源损失浪费，生态环境破坏，公共利益损害等后果的；

（6）不履行或者不正确履行职责，对造成的后果起决定性作用的其他行为。

110. 领导干部对履行经济责任过程中的哪些行为应当承担领导责任？

《党政主要领导干部和国有企事业单位主要领导人员经济责任审计规定》第四十一条规定，领导干部对履行经济责任过程中的下列行为应当承担领导责任：

（1）民主决策时，在多数人同意的情况下，决定、批准、组织实施重大经济事项，由于决策不当或者决策失误造成公共资金、国有资产、国有资源损失浪费，生态环境破坏，公共利益损害等后果的；

（2）违反部门、单位内部管理规定造成公共资金、国有资产、国有资源损失浪费，生态环境破坏，公共利益损害等后果的；

（3）参与相关决策和工作时，没有发表明确的反对意见，相关决策和工作违反有关党内法规、法律法规、政策规定，或者造成公共资金、国有资产、国有资源损失浪费，生态环境破坏，公共利益损害等后果的；

（4）疏于监管，未及时发现和处理所管辖范围内本级或者下一级地区（部门、单位）违反有关党内法规、法律法规、政策规定的问题，造成公共资金、国有资产、国有资源损失浪费，生态环境破坏，公共利益损害等后果的；

（5）除直接责任外，不履行或者不正确履行职责，对造成的后果应当承担责任的其他行为。

111. 审计评价时如何坚持"三个区分开来"？

《党政主要领导干部和国有企事业单位主要领导人员经济责任审计规定》第四十三条规定，审计评价时，应当把领导干部在推进改革中因缺乏经验、先行先试出现的失误和错误，同明知故犯的违纪违法行为区分开来；把上级尚无明确限制的探索性试验中的失误和错误，同上级明令禁止后依然我行我素的违纪违法行为区分开来；把为推动发展的无意过失，同为谋取私利的违纪违法行为区分开来。对领导干部在改革创新中的失误和错误，正确把握事业为上、实事求是、依纪依法、容纠并举等原则，经综合分析研判，可以免责或者从轻定责，鼓励探索创新，支持担当作为，保护领导干部干事创业的积极性、主动性、创造性。

112. 联席会议其他成员单位如何运用审计结果?

《党政主要领导干部和国有企事业单位主要领导人员经济责任审计规定》第四十六条规定，联席会议其他成员单位应当在各自职责范围内运用审计结果:

（1）根据干部管理权限，将审计结果以及整改情况作为考核、任免、奖惩被审计领导干部的重要参考;

（2）对审计发现的问题作出进一步处理;

（3）加强审计发现问题整改落实情况的监督检查;

（4）对审计发现的典型性、普遍性、倾向性问题和提出的审计建议及时进行研究，将其作为采取有关措施、完善有关制度规定的重要参考。

联席会议其他成员单位应当以适当方式及时将审计结果运用情况反馈审计委员会办公室、审计机关。党中央另有规定的，按照有关规定办理。

113. 有关主管部门如何运用审计结果?

《党政主要领导干部和国有企事业单位主要领导人员经济责任审计规定》第四十七条规定，有关主管部门应当在各自职责范围内运用审计结果：

（1）根据干部管理权限，将审计结果以及整改情况作为考核、任免、奖惩被审计领导干部的重要参考；

（2）对审计移送事项依规依纪依法作出处理处罚；

（3）督促有关部门、单位落实审计决定和整改要求，在对相关行业、单位管理和监督中有效运用审计结果；

（4）对审计发现的典型性、普遍性、倾向性问题和提出的审计建议及时进行研究，并将其作为采取有关措施、完善有关制度规定的重要参考。

有关主管部门应当以适当方式及时将审计结果运用情况反馈审计委员会办公室、审计机关。

114. 被审计领导干部及其所在单位根据审计结果，应当采取哪些整改措施？

《党政主要领导干部和国有企事业单位主要领导人员经济责任审计规定》第四十八条规定，被审计领导干部及其所在单位根据审计结果，应当采取以下整改措施：

（1）对审计发现的问题，在规定期限内进行整改，将整改结果书面报告审计委员会办公室、审计机关，以及组织部门或者主管部门；

（2）对审计决定，在规定期限内执行完毕，将执行情况书面报告审计委员会办公室、审计机关；

（3）根据审计发现的问题，落实有关责任人员的责任，采取相应的处理措施；

（4）根据审计建议，采取措施，健全制度，加强管理；

（5）将审计结果以及整改情况纳入所在单位领导班子党风廉政建设责任制检查考核的内容，作为领导班子民主生活会以及领导班子成员述责述廉的重要内容。

六、违规违纪违法行为处分

115. 给予事业单位工作人员处分，应当坚持什么原则?

《事业单位工作人员处分规定》第三条规定，给予事业单位工作人员处分，应当坚持党管干部、党管人才原则；坚持公正、公平；坚持惩治与教育相结合。

给予事业单位工作人员处分，应当与其违规违纪违法行为的性质、情节、危害程度相适应。

给予事业单位工作人员处分，应当事实清楚、证据确凿、定性准确、处理恰当、程序合法、手续完备。

116. 事业单位工作人员处分的种类有哪些?

《事业单位工作人员处分规定》第四条规定，事业单位工作人员处分的种类为：

（1）警告；

（2）记过；

（3）降低岗位等级；

（4）开除。

117. 事业单位工作人员受处分的期间是怎样规定的?

《事业单位工作人员处分规定》第五条规定，事业单位工作人员受处分的期间为：

（1）警告，六个月；

（2）记过，十二个月；

（3）降低岗位等级，二十四个月。

处分决定自作出之日起生效，处分期自处分决定生效之日起计算。

118. 事业单位工作人员受到处分后有什么影响?

《事业单位工作人员处分规定》第六条规定，事业单位工作人员受到警告处分的，在作出处分决定的当年，参加年度考核，不能确定为优秀档次；受到记过处分的当年，受到降低岗位等级处分的当年及第二年，参加年度考核，只写评语，不确定档次。

事业单位工作人员受到降低岗位等级处分的，自处分决定生效之日起降低一个以上岗位和职员等级聘用，按照事业单位收入分配有关规定确定其工资待遇；对同时在管理和专业技术两类岗位任职的事业单位工作人员发生违规违纪违法行为的，给予降低岗位等级处分时，应当同时降低两类岗位的等级，并根据违规违纪违法的情形与岗位性质的关联度确定降低岗位类别的主次。

事业单位工作人员在受处分期间，不得聘用到高于现聘岗位和职员等级。受到开除处分的，自处分决定生效之日起，终止其与事业单位的人事关系。

第七条规定，事业单位工作人员受到记过以上处分的，在受处分期间不得参加专业技术职称评审或者工勤技能人员职业技能等级认定。

119. 事业单位工作人员同时有两种以上需要给予处分的行为的，如何处理？

《事业单位工作人员处分规定》第八条规定，事业单位工作人员同时有两种以上需要给予处分的行为的，应当分别确定其处分。应当给予的处分种类不同的，执行其中最重的处分；应当给予开除以外多个相同种类处分的，执行该处分，处分期应当按照一个处分期以上、多个处分期之和以下确定，但是最长不得超过四十八个月。

事业单位工作人员在受处分期间受到新的处分的，其处分期为原处分期尚未执行的期限与新处分期限之和，但是最长不得超过四十八个月。

120. 应当从重处分的情形有哪些？

《事业单位工作人员处分规定》第十条规定，有下列情形之一的，应当从重处分：

（1）在处分期内再次故意违规违纪违法，应当受到处分的；

（2）在二人以上的共同违规违纪违法行为中起主要作用的；

（3）隐匿、伪造、销毁证据的；

（4）串供或者阻止他人揭发检举、提供证据材料的；

（5）包庇同案人员的；

（6）胁迫、唆使他人实施违规违纪违法行为的；

（7）拒不上交或者退赔违规违纪违法所得的；

（8）法律、法规、规章规定的其他从重情节。

121. 可以从轻或者减轻给予处分的情形有哪些?

《事业单位工作人员处分规定》第十一条规定，有下列情形之一的，可以从轻或者减轻给予处分：

（1）主动交代本人应当受到处分的违规违纪违法行为的；

（2）配合调查，如实说明本人违规违纪违法事实的；

（3）主动采取措施，有效避免、挽回损失或者消除不良影响的；

（4）检举他人违规违纪违法行为，情况属实的；

（5）在共同违规违纪违法行为中起次要或者辅助作用的；

（6）主动上交或者退赔违规违纪违法所得的；

（7）其他从轻或者减轻情节。

第十二条规定，违规违纪违法行为情节轻微，且具有该规定第十一条的情形之一的，可以对其进行谈话提醒、批评教育、责令检查或者予以诫勉，免予或者不予处分。

事业单位工作人员因不明真相被裹挟或者被胁迫参与违规违纪违法活动，经批评教育后确有悔改表现的，可以减轻、免予或者不予处分。

122. 事业单位工作人员违规违纪违法取得的财物和用于违规违纪违法的财物，如何处理？

《事业单位工作人员处分规定》第十三条规定，事业单位工作人员违规违纪违法取得的财物和用于违规违纪违法的财物，除依法应当由其他机关没收、追缴或者责令退赔的，由处分决定单位没收、追缴或者责令退赔；应当退还原所有人或者原持有人的，依法予以退还；属于国家财产或者不应当退还以及无法退还的，上缴国库。

123. 已经退休的事业单位工作人员退休前后有违规违纪违法行为的，可以作出处分决定吗？

《事业单位工作人员处分规定》第十四条规定，已经退休的事业单位工作人员退休前或者退休后有违规违纪违法行为应当受到处分的，不再作出处分决定，但是可以对其立案调查；依规依纪依法应当给予降低岗位等级以上处分的，应当按照规定相应调整其享受的待遇。

124. 哪些违反政治纪律的行为应当给予处分？

《事业单位工作人员处分规定》第十六条规定，有下列行为之一的，给予记过处分；情节较重的，给予降低岗位等级处分；情节严重的，给予开除处分：

（1）散布有损宪法权威、中国共产党领导和国家声誉的言论的；

（2）参加旨在反对宪法、中国共产党领导和国家的集会、游行、示威等活动的；

（3）拒不执行或者变相不执行中国共产党和国家的路线方针政策、重大决策部署的；

（4）参加非法组织、非法活动的；

（5）利用宗教活动破坏民族团结和社会稳定的；挑拨、破坏民族关系，或者参加民族分裂活动的；

（6）在对外交往中损害国家荣誉和利益的；

（7）携带含有依法禁止内容的书刊、音像制品、电子出版物进入境内的；

（8）其他违反政治纪律的行为。

有前述第二项、第四项、第五项行为之一的，对策划者、组织者和骨干分子，给予开除处分。

公开发表反对宪法确立的国家指导思想，反对中国共产党领导，反对社会主义制度，反对改革开放的文章、演说、宣言、声明等的，给予开除处分。

125. 哪些违反组织人事纪律的行为应当给予处分？

《事业单位工作人员处分规定》第十七条规定，有下列行为之一的，给予警告或者记过处分；情节较重的，给予降低岗位等级处分；情节严重的，给予开除处分：

（1）采取不正当手段为本人或者他人谋取岗位；

（2）在事业单位选拔任用、公开招聘、考核、培训、回避、奖励、申诉、职称评审等人事管理工作中有违反组织人事纪律行为的；

（3）其他违反组织人事纪律的行为。

篡改、伪造本人档案资料的，给予记过处分；情节严重的，给予降低岗位等级处分。

违反规定出境或者办理因私出境证件的，给予记过处分；情节严重的，给予降低岗位等级处分。

违反规定取得外国国籍或者获取境外永久居留资格、长期居留许可的，给予降低岗位等级以上处分。

126. 哪些违反工作纪律失职渎职的行为应当给予处分？

《事业单位工作人员处分规定》第十八条规定，有下列行为之一的，给予警告或者记过处分；情节较重的，给予降低岗位等级处分；情节严重的，给予开除处分：

（1）在执行国家重要任务、应对公共突发事件中，不服从指挥、调遣或者消极对抗的；

（2）破坏正常工作秩序，给国家或者公共利益造成损失的；

（3）违章指挥、违规操作，致使人民生命财产遭受损失的；

（4）发生重大事故、灾害、事件，擅离职守或者不按规定报告、不采取措施处置或者处置不力的；

（5）在项目评估评审、产品认证、设备检测检验等工作中徇私舞弊，或者违反规定造成不良影响的；

（6）泄露国家秘密，或者泄露因工作掌握的内幕信息、个人隐私，造成不良后果的；

（7）其他违反工作纪律失职渎职的行为。

127. 哪些违反廉洁从业纪律的行为应当给予处分？

《事业单位工作人员处分规定》第十九条规定，有下列行为之一的，给予警告或者记过处分；情节较重的，给予降低岗位等级处分；情节严重的，给予开除处分：

（1）贪污、索贿、受贿、行贿、介绍贿赂、挪用公款的；

（2）利用工作之便为本人或者他人谋取不正当利益的；

（3）在公务活动或者工作中接受礼品、礼金、各种有价证券、支付凭证的；

（4）利用知悉或者掌握的内幕信息谋取利益的；

（5）用公款旅游或者变相用公款旅游的；

（6）违反国家规定，从事、参与营利性活动或者兼任职务领取报酬的；

（7）其他违反廉洁从业纪律的行为。

128. 哪些违反财经纪律的行为应当给予处分？

《事业单位工作人员处分规定》第二十条规定，有下列行为之一的，给予警告或者记过处分；情节较重的，给予降低岗位等级处分；情节严重的，给予开除处分：

（1）违反国家财政收入上缴有关规定的；

（2）违反规定使用、骗取财政资金或者违反规定使用、骗取、隐匿、转移、侵占、挪用社会保险基金的；

（3）擅自设定收费项目或者擅自改变收费项目的范围、标准和对象的；

（4）挥霍、浪费国家资财或者造成国有资产流失的；

（5）违反国有资产管理规定，擅自占有、使用、处置国有资产的；

（6）在招标投标和物资采购工作中违反有关规定，造成不良影响或者损失的；

（7）其他违反财经纪律的行为。

129. 哪些有严重违反职业道德的行为应当给予处分？

《事业单位工作人员处分规定》第二十一条规定，有下列行为之一的，给予警告或者记过处分；情节较重的，给予降低岗位等级处分；情节严重的，给予开除处分：

（1）利用专业技术或者技能实施违规违纪违法行为的；

（2）有抄袭、剽窃、侵吞他人学术成果，伪造、篡改数据文献，或者捏造事实等学术不端行为的；

（3）利用职业身份进行利诱、威胁或者误导，损害他人合法权益的；

（4）利用权威、地位或者掌控的资源，压制不同观点，限制学术自由，造成重大损失或者不良影响的；

（5）在申报岗位、项目、荣誉等过程中弄虚作假的；

（6）工作态度恶劣，造成不良社会影响的；

（7）其他严重违反职业道德的行为。

有前述第一项规定行为的，给予记过以上处分。

130. 哪些严重违反公共秩序、社会公德的行为应当给予处分？

《事业单位工作人员处分规定》第二十二条规定，有下列行为之一的，给予警告或者记过处分；情节较重的，给予降低岗位等级处分；情节严重的，给予开除处分：

（1）违背社会公序良俗，在公共场所有不当行为，造成不良影响的；

（2）制造、传播违法违禁物品及信息的；

（3）参与赌博活动的；

（4）有实施家庭暴力，虐待、遗弃家庭成员，或者拒不承担赡养、抚养、扶养义务等的；

（5）其他严重违反公共秩序、社会公德的行为。

吸食、注射毒品，组织赌博，组织、支持、参与卖淫、嫖娼、色情淫乱活动的，给予降低岗位等级以上处分。

131. 利用职权或者职务上的影响为他人谋取利益，会受到什么党纪处分？

《中国共产党纪律处分条例》第九十四条规定，党员干部必须正确行使人民赋予的权力，清正廉洁，反对特权思想和特权现象，反对任何滥用职权、谋求私利的行为。

利用职权或者职务上的影响为他人谋取利益，本人的配偶、子女及其配偶等亲属和其他特定关系人收受对方财物，情节较重的，给予警告或者严重警告处分；情节严重的，给予撤销党内职务、留党察看或者开除党籍处分。

132. 相互利用职权或者职务上的影响搞权权交易的，会受到什么党纪处分？

《中国共产党纪律处分条例》第九十五条规定，相互利用职权或者职务上的影响为对方及其配偶、子女及其配偶等亲属、身边工作人员和其他特定关系人谋取利益搞权权交易的，给予警告或者严重警告处分；情节较重的，给予撤销党内职务或者留党察看处分；情节严重的，给予开除党籍处分。

133. 纵容、默许特定关系人利用党员干部本人职权或者职务上的影响谋取私利的，会受到什么党纪处分？

《中国共产党纪律处分条例》第九十六条规定，纵容、默许配偶、子女及其配偶等亲属、身边工作人员和其他特定关系人利用党员干部本人职权或者职务上的影响谋取私利，情节较轻的，给予警告或者严重警告处分；情节较重的，给予撤销党内职务或者留党察看处分；情节严重的，给予开除党籍处分。

党员干部的配偶、子女及其配偶等亲属和其他特定关系人不实际工作而获取薪酬或者虽实际工作但领取明显超出同职级标准薪酬，党员干部知情未予纠正的，依照前述规定处理。

134. 收受可能影响公正执行公务的礼品、礼金等财物的，会受到什么党纪处分？

《中国共产党纪律处分条例》第九十七条规定，收受可能影响公正执行公务的礼品、礼金、消费卡（券）和有价证券、股权、其他金融产品等财物，情节较轻的，给予警告或者严重警告处分；情节较重的，给予撤销党内职务或者留党察看处分；情节严重的，给予开除党籍处分。

收受其他明显超出正常礼尚往来的财物的，依照前述规定处理。

135. 向从事公务的人员及其亲属和其他特定关系人赠送明显超出正常礼尚往来的礼品、礼金等财物的，会受到什么党纪处分？

《中国共产党纪律处分条例》第九十八条规定，向从事公务的人员及其配偶、子女及其配偶等亲属和其他特定关系人赠送明显超出正常礼尚往来的礼品、礼金、消费卡（券）和有价证券、股权、其他金融产品等财物，情节较重的，给予警告或者严重警告处分；情节严重的，给予撤销党内职务或者留党察看处分。

以讲课费、课题费、咨询费等名义变相送礼的，依照前述规定处理。

136. 借用管理和服务对象的钱款等，可能影响公正执行公务的，会受到什么党纪处分？

《中国共产党纪律处分条例》第九十九条规定，借用管理和服务对象的钱款、住房、车辆等，可能影响公正执行公务，情节较重的，给予警告或者严重警告处分；情节严重的，给予撤销党内职务、留党察看或者开除党籍处分。

通过民间借贷等金融活动获取大额回报，可能影响公正执行公务的，依照前述规定处理。

137. 利用职权或者职务上的影响操办婚丧喜庆事宜，会受到什么党纪处分？

《中国共产党纪律处分条例》第一百条规定，利用职权或者职务上的影响操办婚丧喜庆事宜，造成不良影响的，给予警告或者严重警告处分；情节严重的，给予撤销党内职务处分；借机敛财或者有其他侵犯国家、集体和人民利益行为的，从重或者加重处分，直至开除党籍。

138. 接受、提供可能影响公正执行公务的宴请或者旅游、健身、娱乐等活动安排的，会受到什么党纪处分？

《中国共产党纪律处分条例》第一百零一条规定，接受、提供可能影响公正执行公务的宴请或者旅游、健身、娱乐等活动安排，情节较重的，给予警告或者严重警告处分；情节严重的，给予撤销党内职务或者留党察看处分。

139. **违规取得、持有、实际使用消费卡（券），或者违规出入私人会所的，会受到什么党纪处分？**

《中国共产党纪律处分条例》第一百零二条规定，违反有关规定取得、持有、实际使用运动健身卡、会所和俱乐部会员卡、高尔夫球卡等各种消费卡（券），或者违反有关规定出入私人会所，情节较重的，给予警告或者严重警告处分；情节严重的，给予撤销党内职务或者留党察看处分。

140. **违规从事营利活动，会受到什么党纪处分？**

《中国共产党纪律处分条例》第一百零三条规定，违反有关规定从事营利活动，有下列行为之一，情节较轻的，给予警告或者严重警告处分；情节较重的，给予撤销党内职务或者留党察看处分；情节严重的，给予开除党籍处分：

（1）经商办企业；

（2）拥有非上市公司（企业）的股份或者证券；

（3）买卖股票或者进行其他证券投资；

（4）从事有偿中介活动；

（5）在国（境）外注册公司或者投资入股；

（6）其他违反有关规定从事营利活动的行为。

利用参与企业重组改制、定向增发、兼并投资、土地使用权出让等工作中掌握的信息买卖股票，利用职权或者职务上的影响通过购买信托产品、基金等方式非正常获利的，依照前述规定处理。

违反有关规定在经济组织、社会组织等单位中兼职，或者经批准兼职但获取薪酬、奖金、津贴等额外利益的，依照前述规定处理。

141. 利用职权或者职务上的影响，为亲属和其他特定关系人谋取利益的，会受到什么党纪处分？

《中国共产党纪律处分条例》第一百零四条规定，利用职权或者职务上的影响，为配偶、子女及其配偶等亲属和其他特定关系人在审批监管、资源开发、金融信贷、大宗采购、土地使用权出让、房地产开发、工程招投标以及公共财政收支等方面谋取利益，情节较轻的，给予警告或者严重警告处分；情节较重的，给予撤销党内职务或者留党察看处分；情节严重的，给予开除党籍处分。

利用职权或者职务上的影响，为配偶、子女及其配偶等亲属和其他特定关系人吸收存款、推销金融产品、经营名贵特产类特殊资源等提供帮助谋取利益的，依照前述规定处理。

142. 离职或者退（离）休后违规任职或者从事营利活动的，会受到什么党纪处分？

《中国共产党纪律处分条例》第一百零五条规定，离职或者退（离）休后违反有关规定接受原任职务管辖的地区和业务范围内或者与原工作业务直接相关的企业和中介机构等单位的聘用，或者个人从事与原任职务管辖业务或者与原工作业务直接相关的营利活动，情节较轻的，给予警告或者严重警告处分；情节较重的，给予撤销党内职务处分；情节严重的，给予留党察看处分。

党员领导干部离职或者退（离）休后违反有关规定担任上市公司、基金管理公司独立董事、独立监事等职务，情节较轻的，给予警告或者严重警告处分；情节较重的，给予撤销党内职务处分；情节严重的，给予留党察看处分。

143. 离职或者退（离）休后利用自身影响为他人谋取利益的，会受到什么党纪处分？

《中国共产党纪律处分条例》第一百零六条规定，离职或者退（离）休后利用原职权或者职务上的影响，为配偶、子女及其配偶等亲属和其他特定关系人从事经营活动谋取利益，情节较轻的，给予警告或者严重警告处分；情节较重的，给予撤销党内职务或者留党察看处分；情节严重的，给予开除党籍处分。

离职或者退（离）休后利用原职权或者职务上的影响为他人谋取利益，本人的配偶、子女及其配偶等亲属和其他特定关系人收受对方财物，情节较重的，给予警告或者严重警告处分；情节严重的，给予撤销党内职务、留党察看或者开除党籍处分。

144. 党员领导干部的配偶、子女及其配偶违规经营的，该党员领导干部会受到什么党纪处分？

《中国共产党纪律处分条例》第一百零七条规定，党员领导干部的配偶、子女及其配偶，违反有关规定在该党员领导干部管辖的地区和业务范围内从事可能影响其公正执行公务的经营活动，或者有其他违反经商办企业禁业规定行为的，该党员领导干部应当按照规定予以纠正；拒不纠正的，其本人应当辞去现任职务或者由组织予以调整职务；不辞去现任职务或者不服从组织调整职务的，给予撤销党内职务处分。

145. 党和国家机关违规经商办企业的，会受到什么党纪处分？

《中国共产党纪律处分条例》第一百零八条规定，党和国家机关违反有关规定经商办企业的，对直接责任者和领导责任者，给予警告或者严重警告处分；情节严重的，给予撤销党内职务处分。

146. 党员领导干部违规为本人、特定关系人谋求特殊待遇的，会受到什么党纪处分？

《中国共产党纪律处分条例》第一百零九条规定，党员领导干部违反工作、生活保障制度，在交通、医疗、警卫等方面为本人、配偶、子女及其配偶等亲属、身边工作人员和其他特定关系人谋求特殊待遇，情节较重的，给予警告或者严重警告处分；情节严重的，给予撤销党内职务或者留党察看处分。

147. 在分配、购买住房中侵犯国家、集体利益的，会受到什么党纪处分？

《中国共产党纪律处分条例》第一百一十条规定，在分配、购买住房中侵犯国家、集体利益，情节较轻的，给予警告或者严重警告处分；情节较重的，给予撤销党内职务或者留党察看处分；情节严重的，给予开除党籍处分。

148. 利用职权或者职务上的影响，侵占公私财物的，会受到什么党纪处分？

《中国共产党纪律处分条例》第一百一十一条规定，利用职权或者职务上的影响，侵占非本人经管的公私财物，或者以象征性地支付钱款等方式侵占公私财物，或者无偿、象征性地支付报酬接受服务、使用劳务，情节较轻的，给予警告或者严重警告处分；情节较重的，给予撤销党内职务或者留党察看处分；情节严重的，给予开除党籍处分。

利用职权或者职务上的影响，将应当由本人、配偶、子女及其配偶等亲属、身边工作人员和其他特定关系人个人支付的费用，由下属单位、其他单位或者他人支付、报销的，依照前述规定处理。

149. **利用职权或者职务上的影响，违规占用公物归个人使用的，会受到什么党纪处分？**

《中国共产党纪律处分条例》第一百一十二条规定，利用职权或者职务上的影响，违反有关规定占用公物归个人使用，时间超过六个月，情节较重的，给予警告或者严重警告处分；情节严重的，给予撤销党内职务处分。

占用公物进行营利活动的，给予警告或者严重警告处分；情节较重的，给予撤销党内职务或者留党察看处分；情节严重的，给予开除党籍处分。

将公物借给他人进行营利活动的，依照前述规定处理。

150. **违规组织、参加用公款支付的宴请等活动，或者用公款购买赠送或者发放礼品等的，会受到什么党纪处分？**

《中国共产党纪律处分条例》第一百一十三条规定，违反有关规定组织、参加用公款支付的宴请、娱乐、健身活动，或者用公款购买赠送或者发放礼品、消费卡（券）等，对直接责任者和领导责任者，情节较轻的，给予警告或者严重警告处分；情节较重的，给予撤销党内职务或者留党察看处分；情节严重的，给予开除党籍处分。

151. 违规自定薪酬或者滥发津贴、补贴、奖金、福利等的，会受到什么党纪处分？

《中国共产党纪律处分条例》第一百一十四条规定，违反有关规定自定薪酬或者滥发津贴、补贴、奖金、福利等，对直接责任者和领导责任者，情节较轻的，给予警告或者严重警告处分；情节较重的，给予撤销党内职务或者留党察看处分；情节严重的，给予开除党籍处分。

152. 公款旅游或者借机旅游的，会受到什么党纪处分？

《中国共产党纪律处分条例》第一百一十五条规定，有下列行为之一，对直接责任者和领导责任者，情节较轻的，给予警告或者严重警告处分；情节较重的，给予撤销党内职务或者留党察看处分；情节严重的，给予开除党籍处分：

（1）公款旅游或者以学习培训、考察调研、职工疗养等为名变相公款旅游；

（2）改变公务行程，借机旅游；

（3）参加所管理企业、下属单位组织的考察活动，借机旅游。

以考察、学习、培训、研讨、招商、参展等名义变相用公款出国（境）旅游的，对直接责任者和领导责任者，依照前述规定处理。

153. 违规接待或者借机大吃大喝的，会受到什么党纪处分?

《中国共产党纪律处分条例》第一百一十六条规定，违反接待管理规定，超标准、超范围接待或者借机大吃大喝，对直接责任者和领导责任者，情节较重的，给予警告或者严重警告处分；情节严重的，给予撤销党内职务处分。

154. 违反公务交通工具管理规定的，会受到什么党纪处分?

《中国共产党纪律处分条例》第一百一十七条规定，违反有关规定配备、购买、更换、装饰、使用公务交通工具或者有其他违反公务交通工具管理规定的行为，对直接责任者和领导责任者，情节较重的，给予警告或者严重警告处分；情节严重的，给予撤销党内职务或者留党察看处分。

155. 违反会议活动管理规定的，会受到什么党纪处分?

《中国共产党纪律处分条例》第一百一十八条规定，违反会议活动管理规定，有下列行为之一，对直接责任者和领导责任者，情节较重的，给予警告或者严重警告处分；情节严重的，给予撤销党内职务处分:

（1）到禁止召开会议的风景名胜区开会；

（2）决定或者批准举办各类节会、庆典活动；

（3）其他违反会议活动管理规定行为。

擅自举办评比达标表彰、创建示范活动或者借评比达标表彰、创建示范活动收取费用的，对直接责任者和领导责任者，依照前述规定处理。

156. 违反办公用房管理等规定的，会受到什么党纪处分？

《中国共产党纪律处分条例》第一百一十九条规定，违反办公用房管理等规定，有下列行为之一，对直接责任者和领导责任者，情节较重的，给予警告或者严重警告处分；情节严重的，给予撤销党内职务处分：

（1）决定或者批准兴建、装修办公楼、培训中心等楼堂馆所；

（2）超标准配备、使用办公用房；

（3）未经批准租用、借用办公用房；

（4）用公款包租、占用客房或者其他场所供个人使用；

（5）其他违反办公用房管理等规定行为。

157. 搞权色交易或者给予财物搞钱色交易的，会受到什么党纪处分？

《中国共产党纪律处分条例》第一百二十条规定，搞权色交易或者给予财物搞钱色交易的，给予警告或者严重警告处分；情节较重的，给予撤销党内职务或者留党察看处分；情节严重的，给予开除党籍处分。

158. 事业单位中从事管理的人员贪污贿赂的，会受到什么政务处分？

根据《事业单位工作人员处分规定》第二条第二款的规定，任免机关、事业单位对事业单位中从事管理的人员给予处分，适用《公职人员政务处分法》第二章、第三章规定。

《公职人员政务处分法》第三十三条规定，有下列行为之一的，予以警告、记过或者记大过；情节较重的，予以降级或者撤职；情节严重的，予以开除：

（1）贪污贿赂的；

（2）利用职权或者职务上的影响为本人或者他人谋取私利的；

（3）纵容、默许特定关系人利用本人职权或者职务上的影响谋取私利的。

拒不按照规定纠正特定关系人违规任职、兼职或者从事经营活动，且不服从职务调整的，予以撤职。

159. 收受可能影响公正行使公权力的财物的，会受到什么政务处分？

《公职人员政务处分法》第三十四条规定，收受可能影响公正行使公权力的礼品、礼金、有价证券等财物的，予以警告、记过或者记大过；情节较重的，予以降级或者撤职；情节严重的，予以开除。

向公职人员及其特定关系人赠送可能影响公正行使公权力的礼品、礼金、有价证券等财物，或者接受、提供可能影响公正行使公权力的宴请、旅游、健身、娱乐等活动安排，情节较重的，予以警告、记过或者记大过；情节严重的，予以降级或者撤职。

160. 违规设定、发放薪酬等，违规在公务接待等方面超标准、超范围，违规公款消费的，会受到什么政务处分？

《公职人员政务处分法》第三十五条规定，有下列行为之一，情节较重的，予以警告、记过或者记大过；情节严重的，予以降级或者撤职：

（1）违反规定设定、发放薪酬或者津贴、补贴、奖金的；

（2）违反规定，在公务接待、公务交通、会议活动、办公用房以及其他工作生活保障等方面超标准、超范围的；

（3）违反规定公款消费的。

161. 违规从事或者参与营利性活动，或者违规兼职取酬的，会受到什么政务处分？

《公职人员政务处分法》第三十六条规定，违反规定从事或者参与营利性活动，或者违反规定兼任职务、领取报酬的，予以警告、记过或者记大过；情节较重的，予以降级或者撤职；情节严重的，予以开除。

162. 侵犯管理服务对象利益的，会受到什么政务处分？

《公职人员政务处分法》第三十八条规定，有下列行为之一，情节较重的，予以警告、记过或者记大过；情节严重的，予以降级或者撤职：

（1）违反规定向管理服务对象收取、摊派财物的；

（2）在管理服务活动中故意刁难、吃拿卡要的；

（3）在管理服务活动中态度恶劣粗暴，造成不良后果或者影响的；

（4）不按照规定公开工作信息，侵犯管理服务对象知情权，造成不良后果或者影响的；

（5）其他侵犯管理服务对象利益的行为，造成不良后果或者影响的。

有前述第一项、第二项和第五项行为，情节特别严重的，予以开除。

163. 滥用职权、玩忽职守、有形式主义、官僚主义、弄虚作假、泄露秘密等行为的，会受到什么政务处分？

《公职人员政务处分法》第三十九条规定，有下列行为之一，造成不良后果或者影响的，予以警告、记过或者记大过；情节较重的，予以降级或者撤职；情节严重的，予以开除：

（1）滥用职权，危害国家利益、社会公共利益或者侵害公民、法人、其他组织合法权益的；

（2）不履行或者不正确履行职责，玩忽职守，贻误工作的；

（3）工作中有形式主义、官僚主义行为的；

（4）工作中有弄虚作假，误导、欺骗行为的；

（5）泄露国家秘密、工作秘密，或者泄露因履行职责掌握的商业秘密、个人隐私的。

164. 严重违反家庭美德、社会公德的，会受到什么政务处分？

《公职人员政务处分法》第四十条规定，有下列行为之一的，予以警告、记过或者记大过；情节较重的，予以降级或者撤职；情节严重的，予以开除：

（1）违背社会公序良俗，在公共场所有不当行为，造成不良影响的；

（2）参与或者支持迷信活动，造成不良影响的；

（3）参与赌博的；

（4）拒不承担赡养、抚养、扶养义务的；

（5）实施家庭暴力，虐待、遗弃家庭成员的；

（6）其他严重违反家庭美德、社会公德的行为。

吸食、注射毒品，组织赌博，组织、支持、参与卖淫、嫖娼、色情淫乱活动的，予以撤职或者开除。

165. 违规发放津贴补贴行为会受到怎样的处分？

《违规发放津贴补贴行为处分规定》第四条规定，有下列行为之一的，给予警告处分；情节较重的，给予记过或者记大过处分；情节严重的，给予降级或者撤职处分：

（1）违反规定自行新设项目或者继续发放已经明令取消的津贴补贴的；

（2）超过规定标准、范围发放津贴补贴的；

（3）违反中共中央组织部、人力资源社会保障部有关公务员奖励的规定，以各种名义向职工普遍发放各类奖金的；

（4）在实施职务消费和福利待遇货币化改革并发放补贴后，继续开支相关职务消费和福利费用的；

（5）违反规定发放加班费、值班费和未休年休假补贴的；

（6）违反《中共中央纪委、中共中央组织部、监察部、财政部、人事部、审计署关于规范公务员津贴补贴问题的通知》（中纪发〔2006〕17号）等规定，擅自提高标准发放改革性补贴的；

（7）超标准缴存住房公积金的；

（8）以有价证券、支付凭证、商业预付卡、实物等形式发放津贴补贴的；

（9）违反规定使用工会会费、福利费及其他专项经费发放津贴补贴的；

（10）借重大活动筹备或者节日庆祝之机，变相向职工普遍发放现金、有价证券或者与活动无关的实物的；

（11）违反规定向关联单位（企业）转移好处，再由关联单位（企业）以各种名目给机关职工发放津贴补贴的；

（12）其他违反规定发放津贴补贴的。

166. 使用行政事业性收费、罚没收入发放津贴补贴的，会受到怎样的处分？

《违规发放津贴补贴行为处分规定》第五条规定，将执收执罚工作与津贴补贴挂钩，使用行政事业性收费、罚没收入发放津贴补贴的，给予记大过处分；情节严重的，给予降级或者撤职处分。

167. 以发放津贴补贴的形式，变相将国有资产集体私分给个人的，会受到怎样的处分？

《违规发放津贴补贴行为处分规定》第六条规定，以发放津贴补贴的形式，变相将国有资产集体私分给个人的，给予记大过处分；情节较重的，给予降级或者撤职处分；情节严重的，给予开除处分。

168. 使用"小金库"款项发放津贴补贴的，会受到怎样的处分？

《违规发放津贴补贴行为处分规定》第八条规定，使用"小金库"款项发放津贴补贴的，给予警告处分；情节较重的，给予记过或者记大过处分；情节严重的，给予降级或者撤职处分。

169. 利用职务上的便利或者职务影响违规在其他单位领取津贴补贴的，会受到怎样的处分？

《违规发放津贴补贴行为处分规定》第九条规定，利用职务上的便利或者职务影响，违反规定在其他单位领取津贴补贴的，给予记过或者记大过处分；情节较重的，给予降级或者撤职处分；情节严重的，给予开除处分。

170. 以虚报、冒领等手段骗取财政资金发放津贴补贴的，会受到怎样的处分？

《违规发放津贴补贴行为处分规定》第十条规定，以虚报、冒领等手段骗取财政资金发放津贴补贴的，给予记大过处分；情节较重的，给予降级或者撤职处分；情节严重的，给予开除处分。

以虚报、冒领等手段骗取财政资金，并以发放津贴补贴的形式合伙私分的，依照前述规定从重处分。

171. 在执行津贴补贴政策中不负责任，导致发生严重违规发放津贴补贴行为的，会受到怎样的处分？

《违规发放津贴补贴行为处分规定》第十一条规定，在执行津贴补贴政策中不负责任，导致本地区、本部门、本系统和本单位发生严重违规发放津贴补贴行为的，给予记过或者记大过处分；情节较重的，给予降级或者撤职处分；情节严重的，给予开除处分。

172. 不制止、不查处本地区、本部门、本系统和本单位发生的严重违规发放津贴补贴行为的，会受到怎样的处分？

《违规发放津贴补贴行为处分规定》第十二条规定，不制止、不查处本地区、本部门、本系统和本单位发生的严重违规发放津贴补贴行为的，给予记过或者记大过处分；情节较重的，给予降级或者撤职处分；情节严重的，给予开除处分。

173. 对于被判处刑罚的事业单位工作人员如何处分？

《事业单位工作人员处分规定》第二十三条规定，事业单位工作人员犯罪，有下列情形之一的，给予开除处分：

（1）因故意犯罪被判处管制、拘役或者有期徒刑以上刑罚（含宣告缓刑）的；

（2）因过失犯罪被判处有期徒刑，刑期超过三年的；

（3）因犯罪被单处或者并处剥夺政治权利的。

因过失犯罪被判处管制、拘役或者三年以下有期徒刑的，一般应当给予开除处分；案件情况特殊，给予降低岗位等级处分更为适当的，可以不予开除，但是应当报请事业单位主管部门批准，并报同级事业单位人事综合管理部门备案。

事业单位工作人员因犯罪被单处罚金，或者犯罪情节轻微，人民检察院依法作出不起诉决定或者人民法院依法免予刑事处罚的，给予降低岗位等级处分；造成不良影响的，给予开除处分。

174. 对事业单位工作人员的处分程序是什么？

《事业单位工作人员处分规定》第二十五条规定，对事业单位工作人员的处分，按照以下程序办理：

（1）对事业单位工作人员违规违纪违法行为初步调查后，需要进一步查证的，应当按照干部人事管理权限，经事业单位负责人批准或者有关部门同意后立案；

（2）对被调查的事业单位工作人员的违规违纪违法行为作进一步调查，收集、查证有关证据材料，并形成书面调查报告；

（3）将调查认定的事实及拟给予处分的依据告知被调查的事业单位工作人员，听取其陈述和申辩，并对其所提出的事实、理由和证据进行复核，记录在案。被调查的事业单位工作人员提出的事实、理由和证据成立的，应予采信；

（4）按照处分决定权限，作出对该事业单位工作人员给予处分、免予不予处分或者撤销案件的决定；

（5）处分决定单位印发处分决定；

（6）将处分决定以书面形式通知受处分事业单位工作人员本人和有关单位，并在一定范围内宣布；

（7）将处分决定存入受处分事业单位工作人员的档案。

175. 事业单位工作人员已经被立案调查，不宜继续履职的，应当如何处理？

《事业单位工作人员处分规定》第二十六条规定，事业单位工作人员已经被立案调查，不宜继续履职的，可以按照干部人事管理权限，由事业单位或者有关部门暂停其职责。

被调查的事业单位工作人员在案件立案调查期间，不得解除聘用合同、出境，所在单位不得对其交流、晋升、奖励或者办理退休手续。

176. 给予事业单位工作人员处分，应当在多长时间内作出决定？

《事业单位工作人员处分规定》第二十九条规定，给予事业单位工作人员处分，应当自批准立案之日起六个月内作出决定；案情复杂或者遇有其他特殊情形的可以延长，但是办案期限最长不得超过十二个月。

177. 处分决定包括哪些内容？

《事业单位工作人员处分规定》第三十条规定，处分决定应当包括下列内容：

（1）受处分事业单位工作人员的姓名、工作单位、原所聘岗位（所任职务）名称及等级、职员等级等基本情况；

（2）经查证的违规违纪违法事实；

（3）处分的种类、受处分的期间和依据；

（4）不服处分决定的申诉途径和期限；

（5）处分决定单位的名称、印章和作出决定的日期。

178. 事业单位工作人员受到处分，应当办理待遇等变更手续的，多长时间内办理？

《事业单位工作人员处分规定》第三十一条规定，事业单位工作人员受到处分，应当办理岗位、职员等级、工资及其他有关待遇等的变更手续的，由人事部门按照管理权限在作出处分决定后一个月内办理；特殊情况下，经批准可以适当延长办理期限，但是最长不得超过六个月。

179. 事业单位工作人员处分解除后，会恢复处分前的待遇吗？

《事业单位工作人员处分规定》第三十二条规定，事业单位工作人员受开除以外的处分，在受处分期间有悔改表现，并且没有再出现违规违纪违法情形的，处分期满后自动解除处分。

处分解除后，考核及晋升岗位和职员等级、职称、工资待遇按照国家有关规定执行，不再受原处分的影响。但是，受到降低岗位等级处分的，不恢复受处分前的岗位、职员等级、工资待遇；无岗位、职员等级可降而降低薪级工资的，处分解除后，不恢复受处分前的薪级工资。

180. 受到处分的事业单位工作人员对处分决定不服的，怎样进行复核和申诉？

《事业单位工作人员处分规定》第三十四条规定，受到处分的事业单位工作人员对处分决定不服的，可以自知道或者应当知道该处分决定之日起三十日内向原处分决定单位申请复核。对复核结果不服的，可以自接到复核决定之日起三十日内，按照《事业单位工作人员申诉规定》等有关规定向原处分决定单位的主管部门或者同级事业单位人事综合管理部门提出申诉。

受到处分的中央和地方直属事业单位工作人员的申诉，按照干部人事管理权限，由同级事业单位人事综合管理部门受理。

181. 复核决定应当在多长时间内作出？

《事业单位工作人员处分规定》第三十五条规定，原处分决定单位应当自接到复核申请后的三十日内作出复核决定。受理申诉的单位应当自受理之日起六十日内作出处理决定；案情复杂的，可以适当延长，但是延长期限最多不超过三十日。

复核、申诉期间不停止处分的执行。

事业单位工作人员不因提出复核、申诉而被加重处分。

182. 什么情形下应当撤销处分决定，重新作出决定？

《事业单位工作人员处分规定》第三十六条规定，有下列情形之一的，受理处分复核、申诉的单位应当撤销处分决定，重新作出决定或者责令原处分决定单位重新作出决定：

（1）处分所依据的事实不清、证据不足的；

（2）违反规定程序，影响案件公正处理的；

（3）超越职权或者滥用职权作出处分决定的。

183. 什么情形下应当变更处分决定？

《事业单位工作人员处分规定》第三十七条规定，有下列情形之一的，受理复核、申诉的单位应当变更处分决定或者责令原处分决定单位变更处分决定：

（1）适用法律、法规、规章错误的；

（2）对违规违纪违法行为的情节认定有误的；

（3）处分不当的。

184. 招聘单位在公开招聘中存在应当责令改正的违纪违规行为时，应当如何处理？

《事业单位公开招聘违纪违规行为处理规定》第十五条规定，招聘单位在公开招聘中有下列行为之一的，事业单位主管部门或者事业单位人事综合管理部门应当责令限期改正；逾期不改正的，对直接负责的主管人员和其他直接责任人员依法给予处分：

（1）未按规定权限和程序核准（备案）招聘方案，擅自组织公开招聘的；

（2）设置与岗位无关的指向性或者限制性条件的；

（3）未按规定发布招聘公告的；

（4）招聘公告发布后，擅自变更招聘程序、岗位条件、招聘人数、考试考察方式等的；

（5）未按招聘条件进行资格审查的；

（6）未按规定组织体检的；

（7）未按规定公示拟聘用人员名单的；

（8）其他应当责令改正的违纪违规行为。

185. 招聘工作人员存在一般违纪违规行为时，应当如何处理？

《事业单位公开招聘违纪违规行为处理规定》第十六条规定，招聘工作人员有下列行为之一的，由相关部门给予处分，并停止其继续参加当年及下一年度招聘工作：

（1）擅自提前考试开始时间、推迟考试结束时间及缩短考试时间的；

（2）擅自为应聘人员调换考场或者座位的；

（3）未准确记录考场情况及违纪违规行为，并造成一定影响的；

（4）未执行回避制度的；

（5）其他一般违纪违规行为。

186. 招聘工作人员存在严重违纪违规行为时，应当如何处理？

《事业单位公开招聘违纪违规行为处理规定》第十七条规

定，招聘工作人员有下列行为之一的，由相关部门给予处分，并将其调离招聘工作岗位，不得再从事招聘工作；构成犯罪的，依法追究刑事责任：

（1）指使、纵容他人作弊，或者在考试、考察、体检过程中参与作弊的；

（2）在保密期限内，泄露考试试题、面试评分要素等应当保密的信息的；

（3）擅自更改考试评分标准或者不按评分标准进行评卷的；

（4）监管不严，导致考场出现大面积作弊现象的；

（5）玩忽职守，造成不良影响的；

（6）其他严重违纪违规行为。

七、职务犯罪处置

187. 国家工作人员利用职务上的便利，侵吞、窃取、骗取或者以其他手段非法占有公共财物的，会受到什么刑事处罚？

《刑法》第九十三条第二款规定，国有公司、企业、事业单位、人民团体中从事公务的人员和国家机关、国有公司、企业、事业单位委派到非国有公司、企业、事业单位、社会团体从事公务的人员，以及其他依照法律从事公务的人员，以国家工作人员论。

第三百八十二条第一款规定，国家工作人员利用职务上的便利，侵吞、窃取、骗取或者以其他手段非法占有公共财物的，是贪污罪。

第三百八十三条规定，对犯贪污罪的，根据情节轻重，分别依照下列规定处罚：

（1）贪污数额较大或者有其他较重情节的，处三年以下有期徒刑或者拘役，并处罚金。

（2）贪污数额巨大或者有其他严重情节的，处三年以上十年以下有期徒刑，并处罚金或者没收财产。

（3）贪污数额特别巨大或者有其他特别严重情节的，处十年以上有期徒刑或者无期徒刑，并处罚金或者没收财产；数额特别巨大，并使国家和人民利益遭受特别重大损失的，处无期徒刑或者死刑，并处没收财产。

对多次贪污未经处理的，按照累计贪污数额处罚。

犯第一款罪，在提起公诉前如实供述自己罪行、真诚悔罪、积极退赃，避免、减少损害结果的发生，有第一项规定情形的，可以从轻、减轻或者免除处罚；有第二项、第三项规定情形的，可以从轻处罚。

犯第一款罪，有第三项规定情形被判处死刑缓期执行的，人民法院根据犯罪情节等情况可以同时决定在其死刑缓期执行二年期满依法减为无期徒刑后，终身监禁，不得减刑、假释。

188. 国家工作人员利用职务上的便利，挪用公款数额较大、进行营利活动的，会受到什么刑事处罚？

《刑法》第三百八十四条规定，国家工作人员利用职务上的便利，挪用公款归个人使用，进行非法活动的，或者挪用公款数额较大、进行营利活动的，或者挪用公款数额较大、超过三个月未还的，是挪用公款罪，处五年以下有期徒刑或者拘役；情节严重的，处五年以上有期徒刑。挪用公款数额巨大不退还的，处十年以上有期徒刑或者无期徒刑。

挪用用于救灾、抢险、防汛、优抚、扶贫、移民、救济款物归个人使用的，从重处罚。

189. 国家工作人员利用职务上的便利，索取他人财物的，会受到什么刑事处罚?

《刑法》第三百八十五条规定，国家工作人员利用职务上的便利，索取他人财物的，或者非法收受他人财物，为他人谋取利益的，是受贿罪。

国家工作人员在经济往来中，违反国家规定，收受各种名义的回扣、手续费，归个人所有的，以受贿论处。

第三百八十六条规定，对犯受贿罪的，根据受贿所得数额及情节，依照该法第三百八十三条的规定处罚。索贿的从重处罚。

190. 事业单位索取、非法收受他人财物，为他人谋取利益的，会受到什么刑事处罚?

《刑法》第三百八十七条规定，国家机关、国有公司、企业、事业单位、人民团体，索取、非法收受他人财物，为他人谋取利益，情节严重的，对单位判处罚金，并对其直接负责的主管人员和其他直接责任人员，处三年以下有期徒刑或者拘役；情节特别严重的，处三年以上十年以下有期徒刑。

前述所列单位，在经济往来中，在帐外暗中收受各种名义的回扣、手续费的，以受贿论，依照前述的规定处罚。

191. 国家工作人员的近亲属为请托人谋取不正当利益，收受请托人财物，会受到什么刑事处罚？

《刑法》第三百八十八条之一规定，国家工作人员的近亲属或者其他与该国家工作人员关系密切的人，通过该国家工作人员职务上的行为，或者利用该国家工作人员职权或者地位形成的便利条件，通过其他国家工作人员职务上的行为，为请托人谋取不正当利益，索取请托人财物或者收受请托人财物，数额较大或者有其他较重情节的，处三年以下有期徒刑或者拘役，并处罚金；数额巨大或者有其他严重情节的，处三年以上七年以下有期徒刑，并处罚金；数额特别巨大或者有其他特别严重情节的，处七年以上有期徒刑，并处罚金或者没收财产。

离职的国家工作人员或者其近亲属以及其他与其关系密切的人，利用该离职的国家工作人员原职权或者地位形成的便利条件实施前述行为的，依照前述的规定定罪处罚。

192. 为谋取不正当利益，给予国家工作人员财物的，会受到什么刑事处罚？

《刑法》第三百八十九条规定，为谋取不正当利益，给予国家工作人员以财物的，是行贿罪。

在经济往来中，违反国家规定，给予国家工作人员以财物，数额较大的，或者违反国家规定，给予国家工作人员以各种名义的回扣、手续费的，以行贿论处。

因被勒索给予国家工作人员以财物，没有获得不正当利益的，不是行贿。

第三百九十条规定，对犯行贿罪的，处三年以下有期徒刑或者拘役，并处罚金；因行贿谋取不正当利益，情节严重的，或者使国家利益遭受重大损失的，处三年以上十年以下有期徒刑，并处罚金；情节特别严重的，或者使国家利益遭受特别重大损失的，处十年以上有期徒刑或者无期徒刑，并处罚金或者没收财产。

有下列情形之一的，从重处罚：

（1）多次行贿或者向多人行贿的；

（2）国家工作人员行贿的；

（3）在国家重点工程、重大项目中行贿的；

（4）为谋取职务、职级晋升、调整行贿的；

（5）对监察、行政执法、司法工作人员行贿的；

（6）在生态环境、财政金融、安全生产、食品药品、防灾救灾、社会保障、教育、医疗等领域行贿，实施违法犯罪活动的；

（7）将违法所得用于行贿的。

行贿人在被追诉前主动交待行贿行为的，可以从轻或者减轻处罚。其中，犯罪较轻的，对调查突破、侦破重大案件起关键作用的，或者有重大立功表现的，可以减轻或者免除处罚。

193. 为谋取不正当利益，向国家工作人员的近亲属行贿的，会受到什么刑事处罚？

《刑法》第三百九十条之一规定，为谋取不正当利益，向国家工作人员的近亲属或者其他与该国家工作人员关系密切的人，或者向离职的国家工作人员或者其近亲属以及其他与其关系密切的人行贿的，处三年以下有期徒刑或者拘役，并处罚金；情节严重的，或者使国家利益遭受重大损失的，处三年以上七年以下有期徒刑，并处罚金；情节特别严重的，或者使国家利益遭受特别重大损失的，处七年以上十年以下有期徒刑，并处罚金。

单位犯前款罪的，对单位判处罚金，并对其直接负责的主管人员和其他直接责任人员，处三年以下有期徒刑或者拘役，并处罚金。

194. 向国家工作人员介绍贿赂的，会受到什么刑事处罚？

《刑法》第三百九十二条规定，向国家工作人员介绍贿赂，情节严重的，处三年以下有期徒刑或者拘役，并处罚金。

介绍贿赂人在被追诉前主动交待介绍贿赂行为的，可以减轻处罚或者免除处罚。

195. 国家工作人员的财产、支出明显超过合法收入，差额巨大，又不能说明来源的，会受到什么刑事处罚？

《刑法》第三百九十五条第一款规定，国家工作人员的财产、支出明显超过合法收入，差额巨大的，可以责令该国家工作人员说明来源，不能说明来源的，差额部分以非法所得论，处五年以下有期徒刑或者拘役；差额特别巨大的，处五年以上十年以下有期徒刑。财产的差额部分予以追缴。

196. 国家工作人员在境外的存款数额较大、隐瞒不报的，会受到什么刑事处罚？

《刑法》第三百九十五条第二款规定，国家工作人员在境外的存款，应当依照国家规定申报。数额较大、隐瞒不报的，处二年以下有期徒刑或者拘役；情节较轻的，由其所在单位或者上级主管机关酌情给予行政处分。

197. 事业单位以单位名义将国有资产集体私分给个人，会受到什么刑事处罚？

《刑法》第三百九十六条第一款规定，国家机关、国有公司、企业、事业单位、人民团体，违反国家规定，以单位名义将国有资产集体私分给个人，数额较大的，对其直接负责的主管人员和其他直接责任人员，处三年以下有期徒刑或者拘役，并处或者单处罚金；数额巨大的，处三年以上七年以下有期徒刑，并处罚金。

附　录

中华人民共和国公职人员政务处分法

（2020 年 6 月 20 日第十三届全国人民代表大会常务
委员会第十九次会议通过　2020 年 6 月 20 日中华人民共
和国主席令第 46 号公布　自 2020 年 7 月 1 日起施行）

第一章　总　　则

第一条　为了规范政务处分，加强对所有行使公权力的公
职人员的监督，促进公职人员依法履职、秉公用权、廉洁从政
从业、坚持道德操守，根据《中华人民共和国监察法》，制定
本法。

第二条　本法适用于监察机关对违法的公职人员给予政务
处分的活动。

本法第二章、第三章适用于公职人员任免机关、单位对违
法的公职人员给予处分。处分的程序、申诉等适用其他法律、
行政法规、国务院部门规章和国家有关规定。

本法所称公职人员，是指《中华人民共和国监察法》第十
五条规定的人员。

第三条　监察机关应当按照管理权限，加强对公职人员的
监督，依法给予违法的公职人员政务处分。

公职人员任免机关、单位应当按照管理权限，加强对公职

人员的教育、管理、监督，依法给予违法的公职人员处分。

监察机关发现公职人员任免机关、单位应当给予处分而未给予，或者给予的处分违法、不当的，应当及时提出监察建议。

第四条 给予公职人员政务处分，坚持党管干部原则，集体讨论决定；坚持法律面前一律平等，以事实为根据，以法律为准绳，给予的政务处分与违法行为的性质、情节、危害程度相当；坚持惩戒与教育相结合，宽严相济。

第五条 给予公职人员政务处分，应当事实清楚、证据确凿、定性准确、处理恰当、程序合法、手续完备。

第六条 公职人员依法履行职责受法律保护，非因法定事由、非经法定程序，不受政务处分。

第二章 政务处分的种类和适用

第七条 政务处分的种类为：

（一）警告；

（二）记过；

（三）记大过；

（四）降级；

（五）撤职；

（六）开除。

第八条 政务处分的期间为：

（一）警告，六个月；

（二）记过，十二个月；

（三）记大过，十八个月；

（四）降级、撤职，二十四个月。

政务处分决定自作出之日起生效，政务处分期自政务处分决定生效之日起计算。

第九条 公职人员二人以上共同违法，根据各自在违法行为中所起的作用和应当承担的法律责任，分别给予政务处分。

第十条 有关机关、单位、组织集体作出的决定违法或者实施违法行为的，对负有责任的领导人员和直接责任人员中的公职人员依法给予政务处分。

第十一条 公职人员有下列情形之一的，可以从轻或者减轻给予政务处分：

（一）主动交代本人应当受到政务处分的违法行为的；

（二）配合调查，如实说明本人违法事实的；

（三）检举他人违纪违法行为，经查证属实的；

（四）主动采取措施，有效避免、挽回损失或者消除不良影响的；

（五）在共同违法行为中起次要或者辅助作用的；

（六）主动上交或者退赔违法所得的；

（七）法律、法规规定的其他从轻或者减轻情节。

第十二条 公职人员违法行为情节轻微，且具有本法第十一条规定的情形之一的，可以对其进行谈话提醒、批评教育、责令检查或者予以诫勉，免予或者不予政务处分。

公职人员因不明真相被裹挟或者被胁迫参与违法活动，经批评教育后确有悔改表现的，可以减轻、免予或者不予政务处分。

第十三条 公职人员有下列情形之一的，应当从重给予政务处分：

（一）在政务处分期内再次故意违法，应当受到政务处分的；

（二）阻止他人检举、提供证据的；

（三）串供或者伪造、隐匿、毁灭证据的；

（四）包庇同案人员的；

（五）胁迫、唆使他人实施违法行为的；

（六）拒不上交或者退赔违法所得的；

（七）法律、法规规定的其他从重情节。

第十四条 公职人员犯罪，有下列情形之一的，予以开除：

（一）因故意犯罪被判处管制、拘役或者有期徒刑以上刑罚（含宣告缓刑）的；

（二）因过失犯罪被判处有期徒刑，刑期超过三年的；

（三）因犯罪被单处或者并处剥夺政治权利的。

因过失犯罪被判处管制、拘役或者三年以下有期徒刑的，一般应当予以开除；案件情况特殊，予以撤职更为适当的，可以不予开除，但是应当报请上一级机关批准。

公职人员因犯罪被单处罚金，或者犯罪情节轻微，人民检察院依法作出不起诉决定或者人民法院依法免予刑事处罚的，予以撤职；造成不良影响的，予以开除。

第十五条 公职人员有两个以上违法行为的，应当分别确定政务处分。应当给予两种以上政务处分的，执行其中最重的政务处分；应当给予撤职以下多个相同政务处分的，可以在一个政务处分期以上、多个政务处分期之和以下确定政务处分期，但是最长不得超过四十八个月。

第十六条 对公职人员的同一违法行为，监察机关和公职人员任免机关、单位不得重复给予政务处分和处分。

第十七条　公职人员有违法行为，有关机关依照规定给予组织处理的，监察机关可以同时给予政务处分。

第十八条　担任领导职务的公职人员有违法行为，被罢免、撤销、免去或者辞去领导职务的，监察机关可以同时给予政务处分。

第十九条　公务员以及参照《中华人民共和国公务员法》管理的人员在政务处分期内，不得晋升职务、职级、衔级和级别；其中，被记过、记大过、降级、撤职的，不得晋升工资档次。被撤职的，按照规定降低职务、职级、衔级和级别，同时降低工资和待遇。

第二十条　法律、法规授权或者受国家机关依法委托管理公共事务的组织中从事公务的人员，以及公办的教育、科研、文化、医疗卫生、体育等单位中从事管理的人员，在政务处分期内，不得晋升职务、岗位和职员等级、职称；其中，被记过、记大过、降级、撤职的，不得晋升薪酬待遇等级。被撤职的，降低职务、岗位或者职员等级，同时降低薪酬待遇。

第二十一条　国有企业管理人员在政务处分期内，不得晋升职务、岗位等级和职称；其中，被记过、记大过、降级、撤职的，不得晋升薪酬待遇等级。被撤职的，降低职务或者岗位等级，同时降低薪酬待遇。

第二十二条　基层群众性自治组织中从事管理的人员有违法行为的，监察机关可以予以警告、记过、记大过。

基层群众性自治组织中从事管理的人员受到政务处分的，应当由县级或者乡镇人民政府根据具体情况减发或者扣发补贴、奖金。

第二十三条 《中华人民共和国监察法》第十五条第六项规定的人员有违法行为的，监察机关可以予以警告、记过、记大过。情节严重的，由所在单位直接给予或者监察机关建议有关机关、单位给予降低薪酬待遇、调离岗位、解除人事关系或者劳动关系等处理。

《中华人民共和国监察法》第十五条第二项规定的人员，未担任公务员、参照《中华人民共和国公务员法》管理的人员、事业单位工作人员或者国有企业人员职务的，对其违法行为依照前款规定处理。

第二十四条 公职人员被开除，或者依照本法第二十三条规定，受到解除人事关系或者劳动关系处理的，不得录用为公务员以及参照《中华人民共和国公务员法》管理的人员。

第二十五条 公职人员违法取得的财物和用于违法行为的本人财物，除依法应当由其他机关没收、追缴或者责令退赔的，由监察机关没收、追缴或者责令退赔；应当退还原所有人或者原持有人的，依法予以退还；属于国家财产或者不应当退还以及无法退还的，上缴国库。

公职人员因违法行为获得的职务、职级、衔级、级别、岗位和职员等级、职称、待遇、资格、学历、学位、荣誉、奖励等其他利益，监察机关应当建议有关机关、单位、组织按规定予以纠正。

第二十六条 公职人员被开除的，自政务处分决定生效之日起，应当解除其与所在机关、单位的人事关系或者劳动关系。

公职人员受到开除以外的政务处分，在政务处分期内有悔改表现，并且没有再发生应当给予政务处分的违法行为的，政务处分期满后自动解除，晋升职务、职级、衔级、级别、岗位和职员等级、职称、薪酬待遇不再受原政务处分影响。但是，解除降级、撤职的，不恢复原职务、职级、衔级、级别、岗位和职员等级、职称、薪酬待遇。

第二十七条 已经退休的公职人员退休前或者退休后有违法行为的，不再给予政务处分，但是可以对其立案调查；依法应当予以降级、撤职、开除的，应当按照规定相应调整其享受的待遇，对其违法取得的财物和用于违法行为的本人财物依照本法第二十五条的规定处理。

已经离职或者死亡的公职人员在履职期间有违法行为的，依照前款规定处理。

第三章 违法行为及其适用的政务处分

第二十八条 有下列行为之一的，予以记过或者记大过；情节较重的，予以降级或者撤职；情节严重的，予以开除：

（一）散布有损宪法权威、中国共产党领导和国家声誉的言论的；

（二）参加旨在反对宪法、中国共产党领导和国家的集会、游行、示威等活动的；

（三）拒不执行或者变相不执行中国共产党和国家的路线方针政策、重大决策部署的；

（四）参加非法组织、非法活动的；

（五）挑拨、破坏民族关系，或者参加民族分裂活动的；

（六）利用宗教活动破坏民族团结和社会稳定的；

（七）在对外交往中损害国家荣誉和利益的。

有前款第二项、第四项、第五项和第六项行为之一的，对策划者、组织者和骨干分子，予以开除。

公开发表反对宪法确立的国家指导思想，反对中国共产党领导，反对社会主义制度，反对改革开放的文章、演说、宣言、声明等的，予以开除。

第二十九条　不按照规定请示、报告重大事项，情节较重的，予以警告、记过或者记大过；情节严重的，予以降级或者撤职。

违反个人有关事项报告规定，隐瞒不报，情节较重的，予以警告、记过或者记大过。

篡改、伪造本人档案资料的，予以记过或者记大过；情节严重的，予以降级或者撤职。

第三十条　有下列行为之一的，予以警告、记过或者记大过；情节严重的，予以降级或者撤职：

（一）违反民主集中制原则，个人或者少数人决定重大事项，或者拒不执行、擅自改变集体作出的重大决定的；

（二）拒不执行或者变相不执行、拖延执行上级依法作出的决定、命令的。

第三十一条　违反规定出境或者办理因私出境证件的，予以记过或者记大过；情节严重的，予以降级或者撤职。

违反规定取得外国国籍或者获取境外永久居留资格、长期居留许可的，予以撤职或者开除。

第三十二条　有下列行为之一的，予以警告、记过或者记大过；情节较重的，予以降级或者撤职；情节严重的，予以开除：

（一）在选拔任用、录用、聘用、考核、晋升、评选等干部人事工作中违反有关规定的；

（二）弄虚作假，骗取职务、职级、衔级、级别、岗位和职员等级、职称、待遇、资格、学历、学位、荣誉、奖励或者其他利益的；

（三）对依法行使批评、申诉、控告、检举等权利的行为进行压制或者打击报复的；

（四）诬告陷害，意图使他人受到名誉损害或者责任追究等不良影响的；

（五）以暴力、威胁、贿赂、欺骗等手段破坏选举的。

第三十三条　有下列行为之一的，予以警告、记过或者记大过；情节较重的，予以降级或者撤职；情节严重的，予以开除：

（一）贪污贿赂的；

（二）利用职权或者职务上的影响为本人或者他人谋取私利的；

（三）纵容、默许特定关系人利用本人职权或者职务上的影响谋取私利的。

拒不按照规定纠正特定关系人违规任职、兼职或者从事经营活动，且不服从职务调整的，予以撤职。

第三十四条　收受可能影响公正行使公权力的礼品、礼金、有价证券等财物的，予以警告、记过或者记大过；情节较重的，予以降级或者撤职；情节严重的，予以开除。

向公职人员及其特定关系人赠送可能影响公正行使公权力的礼品、礼金、有价证券等财物，或者接受、提供可能影响公正行使公权力的宴请、旅游、健身、娱乐等活动安排，情节较重的，予以警告、记过或者记大过；情节严重的，予以降级或者撤职。

第三十五条　有下列行为之一，情节较重的，予以警告、记过或者记大过；情节严重的，予以降级或者撤职：

（一）违反规定设定、发放薪酬或者津贴、补贴、奖金的；

（二）违反规定，在公务接待、公务交通、会议活动、办公用房以及其他工作生活保障等方面超标准、超范围的；

（三）违反规定公款消费的。

第三十六条　违反规定从事或者参与营利性活动，或者违反规定兼任职务、领取报酬的，予以警告、记过或者记大过；情节较重的，予以降级或者撤职；情节严重的，予以开除。

第三十七条　利用宗族或者黑恶势力等欺压群众，或者纵容、包庇黑恶势力活动的，予以撤职；情节严重的，予以开除。

第三十八条　有下列行为之一，情节较重的，予以警告、记过或者记大过；情节严重的，予以降级或者撤职：

（一）违反规定向管理服务对象收取、摊派财物的；

（二）在管理服务活动中故意刁难、吃拿卡要的；

（三）在管理服务活动中态度恶劣粗暴，造成不良后果或者影响的；

（四）不按照规定公开工作信息，侵犯管理服务对象知情权，造成不良后果或者影响的；

（五）其他侵犯管理服务对象利益的行为，造成不良后果或者影响的。

有前款第一项、第二项和第五项行为，情节特别严重的，予以开除。

第三十九条　有下列行为之一，造成不良后果或者影响的，予以警告、记过或者记大过；情节较重的，予以降级或者撤职；情节严重的，予以开除：

（一）滥用职权，危害国家利益、社会公共利益或者侵害公民、法人、其他组织合法权益的；

（二）不履行或者不正确履行职责，玩忽职守，贻误工作的；

（三）工作中有形式主义、官僚主义行为的；

（四）工作中有弄虚作假，误导、欺骗行为的；

（五）泄露国家秘密、工作秘密，或者泄露因履行职责掌握的商业秘密、个人隐私的。

第四十条　有下列行为之一的，予以警告、记过或者记大过；情节较重的，予以降级或者撤职；情节严重的，予以开除：

（一）违背社会公序良俗，在公共场所有不当行为，造成不良影响的；

（二）参与或者支持迷信活动，造成不良影响的；

（三）参与赌博的；

（四）拒不承担赡养、抚养、扶养义务的；

（五）实施家庭暴力，虐待、遗弃家庭成员的；

（六）其他严重违反家庭美德、社会公德的行为。

吸食、注射毒品，组织赌博，组织、支持、参与卖淫、嫖娼、色情淫乱活动的，予以撤职或者开除。

第四十一条　公职人员有其他违法行为，影响公职人员形象，损害国家和人民利益的，可以根据情节轻重给予相应政务处分。

第四章　政务处分的程序

第四十二条　监察机关对涉嫌违法的公职人员进行调查，应当由二名以上工作人员进行。监察机关进行调查时，有权依法向有关单位和个人了解情况，收集、调取证据。有关单位和个人应当如实提供情况。

严禁以威胁、引诱、欺骗及其他非法方式收集证据。以非法方式收集的证据不得作为给予政务处分的依据。

第四十三条　作出政务处分决定前，监察机关应当将调查认定的违法事实及拟给予政务处分的依据告知被调查人，听取被调查人的陈述和申辩，并对其陈述的事实、理由和证据进行核实，记录在案。被调查人提出的事实、理由和证据成立的，应予采纳。不得因被调查人的申辩而加重政务处分。

第四十四条　调查终结后，监察机关应当根据下列不同情况，分别作出处理：

（一）确有应受政务处分的违法行为的，根据情节轻重，按照政务处分决定权限，履行规定的审批手续后，作出政务处分决定；

（二）违法事实不能成立的，撤销案件；

（三）符合免予、不予政务处分条件的，作出免予、不予政务处分决定；

（四）被调查人涉嫌其他违法或者犯罪行为的，依法移送主管机关处理。

第四十五条　决定给予政务处分的，应当制作政务处分决定书。

政务处分决定书应当载明下列事项：

（一）被处分人的姓名、工作单位和职务；

（二）违法事实和证据；

（三）政务处分的种类和依据；

（四）不服政务处分决定，申请复审、复核的途径和期限；

（五）作出政务处分决定的机关名称和日期。

政务处分决定书应当盖有作出决定的监察机关的印章。

第四十六条　政务处分决定书应当及时送达被处分人和被处分人所在机关、单位，并在一定范围内宣布。

作出政务处分决定后，监察机关应当根据被处分人的具体身份书面告知相关的机关、单位。

第四十七条　参与公职人员违法案件调查、处理的人员有下列情形之一的，应当自行回避，被调查人、检举人及其他有关人员也有权要求其回避：

（一）是被调查人或者检举人的近亲属的；

（二）担任过本案的证人的；

（三）本人或者其近亲属与调查的案件有利害关系的；

（四）可能影响案件公正调查、处理的其他情形。

第四十八条　监察机关负责人的回避，由上级监察机关决定；其他参与违法案件调查、处理人员的回避，由监察机关负责人决定。

监察机关或者上级监察机关发现参与违法案件调查、处理人员有应当回避情形的，可以直接决定该人员回避。

第四十九条　公职人员依法受到刑事责任追究的，监察机关应当根据司法机关的生效判决、裁定、决定及其认定的事实和情节，依照本法规定给予政务处分。

公职人员依法受到行政处罚，应当给予政务处分的，监察机关可以根据行政处罚决定认定的事实和情节，经立案调查核实后，依照本法给予政务处分。

监察机关根据本条第一款、第二款的规定作出政务处分后，司法机关、行政机关依法改变原生效判决、裁定、决定等，对原政务处分决定产生影响的，监察机关应当根据改变后的判决、裁定、决定等重新作出相应处理。

第五十条 监察机关对经各级人民代表大会、县级以上各级人民代表大会常务委员会选举或者决定任命的公职人员予以撤职、开除的，应当先依法罢免、撤销或者免去其职务，再依法作出政务处分决定。

监察机关对经中国人民政治协商会议各级委员会全体会议或者其常务委员会选举或者决定任命的公职人员予以撤职、开除的，应当先依章程免去其职务，再依法作出政务处分决定。

监察机关对各级人民代表大会代表、中国人民政治协商会议各级委员会委员给予政务处分的，应当向有关的人民代表大会常务委员会，乡、民族乡、镇的人民代表大会主席团或者中国人民政治协商会议委员会常务委员会通报。

第五十一条 下级监察机关根据上级监察机关的指定管辖决定进行调查的案件，调查终结后，对不属于本监察机关管辖范围内的监察对象，应当交有管理权限的监察机关依法作出政务处分决定。

第五十二条 公职人员涉嫌违法，已经被立案调查，不宜继续履行职责的，公职人员任免机关、单位可以决定暂停其履行职务。

公职人员在被立案调查期间，未经监察机关同意，不得出境、辞去公职；被调查公职人员所在机关、单位及上级机关、单位不得对其交流、晋升、奖励、处分或者办理退休手续。

第五十三条　监察机关在调查中发现公职人员受到不实检举、控告或者诬告陷害，造成不良影响的，应当按照规定及时澄清事实，恢复名誉，消除不良影响。

第五十四条　公职人员受到政务处分的，应当将政务处分决定书存入其本人档案。对于受到降级以上政务处分的，应当由人事部门按照管理权限在作出政务处分决定后一个月内办理职务、工资及其他有关待遇等的变更手续；特殊情况下，经批准可以适当延长办理期限，但是最长不得超过六个月。

第五章　复审、复核

第五十五条　公职人员对监察机关作出的涉及本人的政务处分决定不服的，可以依法向作出决定的监察机关申请复审；公职人员对复审决定仍不服的，可以向上一级监察机关申请复核。

监察机关发现本机关或者下级监察机关作出的政务处分决定确有错误的，应当及时予以纠正或者责令下级监察机关及时予以纠正。

第五十六条　复审、复核期间，不停止原政务处分决定的执行。

公职人员不因提出复审、复核而被加重政务处分。

第五十七条 有下列情形之一的，复审、复核机关应当撤销原政务处分决定，重新作出决定或者责令原作出决定的监察机关重新作出决定：

（一）政务处分所依据的违法事实不清或者证据不足的；

（二）违反法定程序，影响案件公正处理的；

（三）超越职权或者滥用职权作出政务处分决定的。

第五十八条 有下列情形之一的，复审、复核机关应当变更原政务处分决定，或者责令原作出决定的监察机关予以变更：

（一）适用法律、法规确有错误的；

（二）对违法行为的情节认定确有错误的；

（三）政务处分不当的。

第五十九条 复审、复核机关认为政务处分决定认定事实清楚，适用法律正确的，应当予以维持。

第六十条 公职人员的政务处分决定被变更，需要调整该公职人员的职务、职级、衔级、级别、岗位和职员等级或者薪酬待遇等的，应当按照规定予以调整。政务处分决定被撤销的，应当恢复该公职人员的级别、薪酬待遇，按照原职务、职级、衔级、岗位和职员等级安排相应的职务、职级、衔级、岗位和职员等级，并在原政务处分决定公布范围内为其恢复名誉。没收、追缴财物错误的，应当依法予以返还、赔偿。

公职人员因有本法第五十七条、第五十八条规定的情形被撤销政务处分或者减轻政务处分的，应当对其薪酬待遇受到的损失予以补偿。

第六章　法 律 责 任

第六十一条　有关机关、单位无正当理由拒不采纳监察建议的，由其上级机关、主管部门责令改正，对该机关、单位给予通报批评，对负有责任的领导人员和直接责任人员依法给予处理。

第六十二条　有关机关、单位、组织或者人员有下列情形之一的，由其上级机关，主管部门，任免机关、单位或者监察机关责令改正，依法给予处理：

（一）拒不执行政务处分决定的；

（二）拒不配合或者阻碍调查的；

（三）对检举人、证人或者调查人员进行打击报复的；

（四）诬告陷害公职人员的；

（五）其他违反本法规定的情形。

第六十三条　监察机关及其工作人员有下列情形之一的，对负有责任的领导人员和直接责任人员依法给予处理：

（一）违反规定处置问题线索的；

（二）窃取、泄露调查工作信息，或者泄露检举事项、检举受理情况以及检举人信息的；

（三）对被调查人或者涉案人员逼供、诱供，或者侮辱、打骂、虐待、体罚或者变相体罚的；

（四）收受被调查人或者涉案人员的财物以及其他利益的；

（五）违反规定处置涉案财物的；

（六）违反规定采取调查措施的；

（七）利用职权或者职务上的影响干预调查工作、以案谋私的；

（八）违反规定发生办案安全事故，或者发生安全事故后隐瞒不报、报告失实、处置不当的；

（九）违反回避等程序规定，造成不良影响的；

（十）不依法受理和处理公职人员复审、复核的；

（十一）其他滥用职权、玩忽职守、徇私舞弊的行为。

第六十四条 违反本法规定，构成犯罪的，依法追究刑事责任。

第七章 附 则

第六十五条 国务院及其相关主管部门根据本法的原则和精神，结合事业单位、国有企业等的实际情况，对事业单位、国有企业等的违法的公职人员处分事宜作出具体规定。

第六十六条 中央军事委员会可以根据本法制定相关具体规定。

第六十七条 本法施行前，已结案的案件如果需要复审、复核，适用当时的规定。尚未结案的案件，如果行为发生时的规定不认为是违法的，适用当时的规定；如果行为发生时的规定认为是违法的，依照当时的规定处理，但是如果本法不认为是违法或者根据本法处理较轻的，适用本法。

第六十八条 本法自 2020 年 7 月 1 日起施行。

事业单位人事管理条例

（2014 年 2 月 26 日国务院第 40 次常务会议通过
2014 年 4 月 25 日中华人民共和国国务院令第 652 号公
布　自 2014 年 7 月 1 日起施行）

第一章　总　　则

第一条　为了规范事业单位的人事管理，保障事业单位工作人员的合法权益，建设高素质的事业单位工作人员队伍，促进公共服务发展，制定本条例。

第二条　事业单位人事管理，坚持党管干部、党管人才原则，全面准确贯彻民主、公开、竞争、择优方针。

国家对事业单位工作人员实行分级分类管理。

第三条　中央事业单位人事综合管理部门负责全国事业单位人事综合管理工作。

县级以上地方各级事业单位人事综合管理部门负责本辖区事业单位人事综合管理工作。

事业单位主管部门具体负责所属事业单位人事管理工作。

第四条　事业单位应当建立健全人事管理制度。

事业单位制定或者修改人事管理制度，应当通过职工代表大会或者其他形式听取工作人员意见。

第二章　岗　位　设　置

第五条　国家建立事业单位岗位管理制度，明确岗位类别和等级。

第六条　事业单位根据职责任务和工作需要，按照国家有关规定设置岗位。

岗位应当具有明确的名称、职责任务、工作标准和任职条件。

第七条　事业单位拟订岗位设置方案，应当报人事综合管理部门备案。

第三章　公开招聘和竞聘上岗

第八条　事业单位新聘用工作人员，应当面向社会公开招聘。但是，国家政策性安置、按照人事管理权限由上级任命、涉密岗位等人员除外。

第九条　事业单位公开招聘工作人员按照下列程序进行：

（一）制定公开招聘方案；

（二）公布招聘岗位、资格条件等招聘信息；

（三）审查应聘人员资格条件；

（四）考试、考察；

（五）体检；

（六）公示拟聘人员名单；

（七）订立聘用合同，办理聘用手续。

第十条　事业单位内部产生岗位人选，需要竞聘上岗的，按照下列程序进行：

（一）制定竞聘上岗方案；

（二）在本单位公布竞聘岗位、资格条件、聘期等信息；

（三）审查竞聘人员资格条件；

（四）考评；

（五）在本单位公示拟聘人员名单；

（六）办理聘任手续。

第十一条　事业单位工作人员可以按照国家有关规定进行交流。

第四章　聘 用 合 同

第十二条　事业单位与工作人员订立的聘用合同，期限一般不低于 3 年。

第十三条　初次就业的工作人员与事业单位订立的聘用合同期限 3 年以上的，试用期为 12 个月。

第十四条　事业单位工作人员在本单位连续工作满 10 年且距法定退休年龄不足 10 年，提出订立聘用至退休的合同的，事业单位应当与其订立聘用至退休的合同。

第十五条　事业单位工作人员连续旷工超过 15 个工作日，或者 1 年内累计旷工超过 30 个工作日的，事业单位可以解除聘用合同。

第十六条　事业单位工作人员年度考核不合格且不同意调整工作岗位，或者连续两年年度考核不合格的，事业单位提前

30 日书面通知，可以解除聘用合同。

第十七条 事业单位工作人员提前 30 日书面通知事业单位，可以解除聘用合同。但是，双方对解除聘用合同另有约定的除外。

第十八条 事业单位工作人员受到开除处分的，解除聘用合同。

第十九条 自聘用合同依法解除、终止之日起，事业单位与被解除、终止聘用合同人员的人事关系终止。

第五章　考核和培训

第二十条 事业单位应当根据聘用合同规定的岗位职责任务，全面考核工作人员的表现，重点考核工作绩效。考核应当听取服务对象的意见和评价。

第二十一条 考核分为平时考核、年度考核和聘期考核。

年度考核的结果可以分为优秀、合格、基本合格和不合格等档次，聘期考核的结果可以分为合格和不合格等档次。

第二十二条 考核结果作为调整事业单位工作人员岗位、工资以及续订聘用合同的依据。

第二十三条 事业单位应当根据不同岗位的要求，编制工作人员培训计划，对工作人员进行分级分类培训。

工作人员应当按照所在单位的要求，参加岗前培训、在岗培训、转岗培训和为完成特定任务的专项培训。

第二十四条 培训经费按照国家有关规定列支。

第六章　奖励和处分

第二十五条　事业单位工作人员或者集体有下列情形之一的，给予奖励：

（一）长期服务基层，爱岗敬业，表现突出的；

（二）在执行国家重要任务、应对重大突发事件中表现突出的；

（三）在工作中有重大发明创造、技术革新的；

（四）在培养人才、传播先进文化中作出突出贡献的；

（五）有其他突出贡献的。

第二十六条　奖励坚持精神奖励与物质奖励相结合、以精神奖励为主的原则。

第二十七条　奖励分为嘉奖、记功、记大功、授予荣誉称号。

第二十八条　事业单位工作人员有下列行为之一的，给予处分：

（一）损害国家声誉和利益的；

（二）失职渎职的；

（三）利用工作之便谋取不正当利益的；

（四）挥霍、浪费国家资财的；

（五）严重违反职业道德、社会公德的；

（六）其他严重违反纪律的。

第二十九条　处分分为警告、记过、降低岗位等级或者撤职、开除。

受处分的期间为：警告，6个月；记过，12个月；降低岗位等级或者撤职，24个月。

第三十条 给予工作人员处分，应当事实清楚、证据确凿、定性准确、处理恰当、程序合法、手续完备。

第三十一条 工作人员受开除以外的处分，在受处分期间没有再发生违纪行为的，处分期满后，由处分决定单位解除处分并以书面形式通知本人。

第七章 工资福利和社会保险

第三十二条 国家建立激励与约束相结合的事业单位工资制度。

事业单位工作人员工资包括基本工资、绩效工资和津贴补贴。

事业单位工资分配应当结合不同行业事业单位特点，体现岗位职责、工作业绩、实际贡献等因素。

第三十三条 国家建立事业单位工作人员工资的正常增长机制。

事业单位工作人员的工资水平应当与国民经济发展相协调、与社会进步相适应。

第三十四条 事业单位工作人员享受国家规定的福利待遇。

事业单位执行国家规定的工时制度和休假制度。

第三十五条 事业单位及其工作人员依法参加社会保险，工作人员依法享受社会保险待遇。

第三十六条 事业单位工作人员符合国家规定退休条件的，应当退休。

第八章　人事争议处理

第三十七条　事业单位工作人员与所在单位发生人事争议的，依照《中华人民共和国劳动争议调解仲裁法》等有关规定处理。

第三十八条　事业单位工作人员对涉及本人的考核结果、处分决定等不服的，可以按照国家有关规定申请复核、提出申诉。

第三十九条　负有事业单位聘用、考核、奖励、处分、人事争议处理等职责的人员履行职责，有下列情形之一的，应当回避：

（一）与本人有利害关系的；

（二）与本人近亲属有利害关系的；

（三）其他可能影响公正履行职责的。

第四十条　对事业单位人事管理工作中的违法违纪行为，任何单位或者个人可以向事业单位人事综合管理部门、主管部门或者监察机关投诉、举报，有关部门和机关应当及时调查处理。

第九章　法　律　责　任

第四十一条　事业单位违反本条例规定的，由县级以上事业单位人事综合管理部门或者主管部门责令限期改正；逾期不改正的，对直接负责的主管人员和其他直接责任人员依法给予处分。

第四十二条　对事业单位工作人员的人事处理违反本条例

规定给当事人造成名誉损害的，应当赔礼道歉、恢复名誉、消除影响；造成经济损失的，依法给予赔偿。

第四十三条 事业单位人事综合管理部门和主管部门的工作人员在事业单位人事管理工作中滥用职权、玩忽职守、徇私舞弊的，依法给予处分；构成犯罪的，依法追究刑事责任。

第十章 附 则

第四十四条 本条例自 2014 年 7 月 1 日起施行。

事业单位领导人员管理规定

（2015 年 5 月 28 日中共中央批准 2015 年 5 月 28 日中共中央办公厅发布 2022 年 1 月 14 日中共中央修订 2022 年 1 月 14 日中共中央办公厅发布）

第一章 总 则

第一条 为了加强和改进事业单位领导人员管理，健全选拔任用机制和管理监督机制，建设一支德才兼备、忠诚干净担当的高素质专业化事业单位领导人员队伍，根据有关党内法规和法律，制定本规定。

第二条 本规定适用于省级以上党委和政府直属以及部门所属事业单位领导班子成员，省级以上人大常委会、政协、纪委监委、人民法院、人民检察院、群众团体机关所属事业单位领导班子成员。

有关党内法规和法律对事业单位领导人员管理另有规定的，从其规定。

事业单位内设机构负责人选拔任用工作按照本规定第二章、第三章有关条款执行。

第三条　事业单位领导人员的管理，应当适应事业单位公益性、服务性、专业性、技术性等特点，遵循领导人员成长规律，激发事业单位活力，推动公益事业高质量发展。工作中，坚持下列原则：

（一）党管干部、党管人才；

（二）德才兼备、以德为先，五湖四海、任人唯贤；

（三）事业为上、人岗相适、人事相宜；

（四）注重实干担当和工作实绩、群众公认；

（五）分级分类管理；

（六）民主集中制；

（七）依规依法办事。

第四条　党委（党组）及其组织（人事）部门按照干部管理权限履行事业单位领导人员管理职责，负责本规定的组织实施。

第二章　任职条件和资格

第五条　事业单位领导人员应当具备下列基本条件：

（一）思想政治素质好，理想信念坚定，自觉坚持以马克思列宁主义、毛泽东思想、邓小平理论、"三个代表"重要思想、科学发展观、习近平新时代中国特色社会主义思想为指导，坚决贯彻执行党的理论和路线方针政策，增强"四个意识"、坚定"四个自信"、做到"两个维护"，自觉在思想上政治上行动上同党中央保持高度一致。

（二）组织领导能力强，自觉贯彻执行民主集中制，善于科学管理、沟通协调、依法办事、推动落实，工作实绩突出。

（三）专业素养好，熟悉有关政策法规和行业发展情况，具有胜任岗位职责的专业知识和专业能力。

（四）创新意识强，勤于学习，勇于探索，敢于攻坚克难，有开拓进取、追求卓越的韧劲，能够切实推进技术、管理、制度等重要创新。

（五）事业心和责任感强，热爱公益事业；坚持以人民为中心的发展思想，求真务实、勤勉敬业、担当作为，忠实履行公共服务的政治责任和社会责任；有斗争精神和斗争本领；团结协作，群众威信高。

（六）正确行使职权，坚持原则，带头践行社会主义核心价值观，恪守职业道德，严于律己，清正廉洁。

不同行业事业单位领导人员基本条件应当适应本行业特点和要求。其中，宣传思想文化系统事业单位领导人员应当坚持政治家办报办刊办台办新媒体，有强烈的意识形态阵地意识；高等学校和中小学校领导人员应当认真贯彻党的教育方针，坚持社会主义办学方向，自觉落实立德树人根本任务；科研事业单位领导人员应当坚持高水平科技自立自强的方向，坚持面向世界科技前沿、面向经济主战场、面向国家重大需求、面向人民生命健康，尊重科研工作规律，弘扬科学家精神，自觉践行创新科技、服务国家、造福人民的价值理念；公立医院领导人员应当坚持为人民健康服务的方向，有适应医院高质量发展的先进管理理念和实践经验。

党员领导人员应当自觉履行党建工作"一岗双责"，专职从事党务工作的领导人员还应当熟悉党建工作，善于做思想政治工作。

正职领导人员应当带头提高政治判断力、政治领悟力、政治执行力，具有驾驭全局的能力，善于抓班子带队伍，民主作风好。

第六条　事业单位领导人员应当具备下列基本资格：

（一）一般应当具有大学本科以上文化程度。

（二）提任六级以上管理岗位领导职务的，一般应当具有 5 年以上工作经历。

（三）从管理岗位领导职务副职提任正职的，应当具有副职岗位 2 年以上任职经历；从下级正职提任上级副职的，应当具有下级正职岗位 3 年以上任职经历。

（四）主要以专业技术面向社会提供公益服务的事业单位领导班子行政正职、分管业务工作的副职一般应当具有从事本行业专业工作的经历。

（五）具有正常履行职责的身体条件。

（六）符合有关党内法规、法律法规和行业主管部门规定的其他任职资格要求。

第七条　事业单位内设机构负责人基本条件应当符合本规定第五条规定；基本资格应当符合本规定第六条第一、二、三、

五、六项规定，其中，负责业务工作的内设机构负责人，还应当具有与本岗位相关的专业教育背景或者具有从事本行业专业工作的经历。

第八条 从专业技术岗位到管理岗位担任领导人员或者内设机构负责人的，其任职资格一般应当符合第六条第一、二、五、六项规定，并且具有相应的专业技术职务（岗位）任职经历。其中，直接提任领导人员的，还应当具有一定的管理工作经历。

第九条 特别优秀的，或者因国家重大战略、重大工程、重大项目、重点任务选拔高精尖缺人才担任领导人员以及内设机构负责人等工作特殊需要的，可以适当放宽任职资格。

放宽任职资格以及从专业技术岗位到管理岗位担任领导班子正职或者四级以上管理岗位领导职务的，应当从严掌握，并报上级组织（人事）部门同意。

第三章　选拔任用

第十条 党委（党组）及其组织（人事）部门按照干部管理权限，根据事业单位不同领导体制和领导班子建设实际，提出启动领导人员选拔任用工作意见。

事业单位领导班子配备和领导人员选拔任用，应当立足事业发展需要，加强通盘考虑、科学谋划，及时选优配强，优化年龄、专业、经历等结构，增强领导班子整体功能。

第十一条 事业单位领导人员选拔任用，必须严格按照核定或者批准的领导职数和岗位设置方案进行。

第十二条　选拔事业单位领导人员，一般采取单位内部推选、外部选派方式进行。根据行业特点和工作需要，可以采取竞争（聘）上岗、公开选拔（聘）、委托相关机构遴选等方式产生人选。

第十三条　选拔事业单位领导人员，应当经过民主推荐，合理确定参加民主推荐人员范围，规范谈话调研推荐和会议推荐方式方法。

第十四条　对事业单位领导职务拟任人选，必须依据选拔任用条件，结合行业特点和岗位要求，全面考察其德、能、勤、绩、廉，严把政治关、品行关、能力关、作风关、廉洁关。

第十五条　综合分析人选的考察考核、一贯表现和人岗相适等情况，全面历史辩证地作出评价，既重管理能力、专业素养和工作实绩，更重政治品质、道德品行、作风和廉政情况，防止简单以票或者以分取人。

第十六条　选拔任用事业单位领导人员，应当严格执行干部选拔任用工作任前事项报告制度，严格遵守党委（党组）讨论决定干部任免事项有关规定，按照干部管理权限由党委（党组）集体讨论作出任免决定，或者决定提出推荐、提名的意见。

第十七条　任用事业单位领导人员，区别不同情况实行选任制、委任制、聘任制。对行政领导人员，结合行业特点和单位实际，逐步加大聘任制推行力度。

实行聘任制的，聘任关系通过聘任通知、聘任书等形式确定，根据需要可以签订聘任合同，所聘职务及相关待遇在聘期内有效。

第十八条 提任三级以下管理岗位领导职务的，应当在一定范围内进行任职前公示，公示期不少于5个工作日。

第十九条 提任非选举产生的三级以下管理岗位领导职务的，实行任职试用期制度。试用期一般为1年。

第二十条 事业单位内设机构负责人选拔任用方式按照本规定第十二条、第十七条规定执行。主要以专业技术面向社会提供公益服务的事业单位，可以根据工作需要积极探索有效办法，搞活搞好内部用人制度。

根据干部管理权限和事业单位不同领导体制实际，实行党委领导下的行政领导人负责制的，由党委集体讨论作出任免决定；实行行政领导人负责制的，党政主要领导应当对人选等情况进行充分沟通，由党组织集体讨论作出任免决定，或者由党组织研究提出拟任人选、党政领导会议集体讨论，依规依法任免（聘任、解聘），根据工作需要，也可以由上级党组织统筹管理，按照规定程序讨论决定。

第二十一条 选拔任用工作具体程序和要求，参照《党政领导干部选拔任用工作条例》及有关规定，结合事业单位实际确定。

第四章　任期和任期目标责任

第二十二条 事业单位领导班子和领导人员一般应当实行任期制。

每个任期一般为3至5年。领导人员在同一岗位连续任职一般不超过10年，工作特殊需要的，按照干部管理权限经批准后可以适当延长任职年限。

第二十三条　事业单位领导班子和领导人员一般应当实行任期目标责任制。

任期目标的设定，应当符合立足新发展阶段、贯彻新发展理念、构建新发展格局、推动高质量发展的要求，体现不同行业、不同类型事业单位特点，注重打基础、利长远、求实效。

第二十四条　任期目标由事业单位领导班子集体研究确定，领导班子的任期目标一般应当报经主管机关（部门）批准或者备案。

制定任期目标时，应当充分听取单位职工代表大会或者职工代表的意见，注意体现服务对象的意见。

第五章　考核评价

第二十五条　事业单位领导班子和领导人员的考核，主要是年度考核和任期考核，根据工作实际开展平时考核、专项考核。考核评价以岗位职责、任期目标为依据，以日常管理为基础，注重政治素质、业绩导向和社会效益，突出党建工作实效。

积极推进分类考核，结合行业特点和事业单位实际，合理确定考核内容和指标，注意改进考核方法，提高质量和效率。

第二十六条　综合分析研判考核情况和日常了解掌握情况，客观公正地作出评价，形成考核评价意见，确定考核评价等次。

领导班子年度考核和任期考核的评价等次，分为优秀、良好、一般、较差；领导人员年度考核和任期考核的评价等次，分为优秀、合格、基本合格、不合格。

平时考核、专项考核的结果可以采用考核报告、评语、等次或者鉴定等形式确定。

第二十七条 考核评价结果应当以适当方式向领导班子和领导人员反馈，并作为领导班子建设和领导人员选拔任用、培养教育、管理监督、激励约束、问责追责等的重要依据。

第六章 交流、回避

第二十八条 完善事业单位领导人员交流制度。交流的重点对象一般是正职领导人员，专职从事党务工作、分管人财物的副职领导人员以及其他因工作需要交流的人员。

第二十九条 积极推进同行业或者相近行业事业单位之间领导人员交流，统筹推进事业单位与党政机关、国有企业、社会组织之间领导人员交流。

专业性强的领导人员交流，应当加强研判和统筹，注意发挥其专业特长。

第三十条 实行事业单位领导人员任职回避制度。有夫妻关系、直系血亲关系、三代以内旁系血亲关系以及近姻亲关系的，不得在同一事业单位领导班子任职，不得在同一单位担任双方直接隶属于同一领导人员的职务或者有直接上下级领导关系的职务，也不得在领导人员所在事业单位本级内设管理机构以及分管联系单位从事组织（人事）、纪检监察、审计、财务部门负责工作。

第三十一条 实行事业单位领导人员履职回避制度。事业单位领导人员在履行职责过程中，涉及本人及其近亲属利害关系或者其他可能影响公正履行职责情况的，本人应当回避。

第七章　职业发展和激励保障

第三十二条　完善事业单位领导人员培养教育制度，加强思想政治建设和能力培养，强化分行业培训，注重实践锻炼，提高思想政治素质、专业水平和管理工作能力。

第三十三条　统筹各类教育培训，充分利用党校（行政学院）、干部学院等机构资源，原则上每 5 年对事业单位领导人员培训全覆盖。

第三十四条　任期结束后未达到退休年龄界限的事业单位领导人员，适合继续从事专业工作的，鼓励和支持其后续职业发展；其他领导人员，根据本人实际和工作需要，作出适当安排。

第三十五条　完善事业单位领导人员收入分配制度，落实工资正常增长机制，根据事业单位类别和经费来源等，结合考核情况合理确定领导人员的绩效工资水平，使其收入与履职情况和单位长远发展相联系，与本单位职工的平均收入水平保持合理关系。

第三十六条　事业单位领导人员在本职工作中表现突出、有显著成绩和贡献的，在处理突发事件和承担专项重要工作中作出显著成绩和贡献的，或者有其他突出事迹的，按照有关规定给予表彰奖励。注意引导和促进领导人员在推动加快科技自立自强、服务保障民生等方面担当作为、履职尽责。

第三十七条　加强对事业单位领导人员的人文关怀，开展经常性谈心谈话，及时了解情况，听取意见建议，帮助解决实际困难。

按照有关规定做好容错纠错工作，宽容领导人员在改革创新中的失误，营造鼓励探索、支持创新的良好环境。

第八章　监 督 约 束

第三十八条　党委（党组）及纪检监察机关、组织（人事）部门、行业主管部门按照管理权限和职责分工，履行对事业单位领导班子和领导人员的监督责任。

第三十九条　监督的重点内容是：践行"两个维护"，对党忠诚，贯彻落实党的理论和路线方针政策、党中央决策部署以及上级党组织决定情况；依法办事，执行民主集中制，履行职责，担当作为，行风建设，选人用人，国有资产管理，收入分配情况；落实全面从严治党主体责任和监督责任，职业操守，以身作则，遵守纪律，廉洁自律等情况。

第四十条　完善事业单位领导班子权力运行机制和领导人员特别是主要负责人监督制约机制，构建严密有效的监督体系。发挥党内监督带动作用，推动民主监督、行政监督、司法监督、审计监督、财会监督、群众监督、舆论监督等贯通协调、形成合力，强化领导班子内部监督，综合运用考察考核、述职述廉、民主生活会、谈心谈话、巡视巡察、提醒、函询、诫勉等措施，对领导班子和领导人员进行监督。

严格落实干部选拔任用工作"一报告两评议"、领导干部报告个人有关事项、规范干部兼职、因私出国（境）和配偶、子女及其配偶经商办企业，以及经济责任审计、问责等管理监督有关制度。

第四十一条　事业单位领导人员有违规违纪违法行为的，依规依纪依法给予处理、处分；构成犯罪的，依法追究刑事责任。

第九章　退　　出

第四十二条　完善事业单位领导人员退出机制，促进领导人员能上能下、能进能出，增强队伍生机活力。

第四十三条　事业单位领导人员有下列情形之一，一般应当免去现职：

（一）达到任职年龄界限或者退休年龄界限的；

（二）年度考核、任期考核被确定为不合格的，或者连续 2 年年度考核被确定为基本合格的；

（三）解除聘任关系（聘任合同）或者聘任期满不再续聘的；

（四）受到责任追究应当免职的；

（五）不适宜担任现职应当免职的；

（六）因违规违纪违法应当免职的；

（七）因健康原因，无法正常履行工作职责 1 年以上的；

（八）因工作需要或者其他原因应当免去现职的。

第四十四条　实行事业单位领导人员辞职制度。辞职包括因公辞职、自愿辞职、引咎辞职和责令辞职。辞职程序和辞职后从业限制等，按照有关规定执行。

第四十五条 事业单位领导人员的退休，按照有关规定执行。事业单位正职领导人员特别优秀的，根据工作需要和本人履职情况，按照有关规定经批准可以延迟免职（退休）。

第四十六条 事业单位领导人员退出领导岗位从事专业工作的，由本单位党委（党组）研究并报上级组织（人事）部门同意，可以不再按照领导人员管理。

第四十七条 事业单位领导人员退出领导岗位后，应当继续履行保密责任，严格执行保密规定，落实脱密期管理相关要求。

第十章　附　　则

第四十八条 中央组织部可以会同有关行业主管部门根据本规定，制定完善有关行业事业单位领导人员管理具体办法。

第四十九条 市（地、州、盟）级以下党委和政府直属以及部门所属事业单位和人大常委会、政协、纪委监委、人民法院、人民检察院、群众团体机关所属事业单位领导人员的管理，由各省、自治区、直辖市党委参照本规定制定或者完善具体办法。

第五十条 本规定由中央组织部负责解释。

第五十一条 本规定自发布之日起施行。

事业单位人事管理回避规定

（2019 年 9 月 18 日　人社部规〔2019〕1 号）

第一章　总　　则

第一条　为规范事业单位人事管理工作，维护人事管理公平公正，根据《事业单位人事管理条例》及有关法律法规，制定本规定。

第二条　坚持以习近平新时代中国特色社会主义思想为指导，贯彻落实全面从严治党要求，坚持党管干部、党管人才原则，以公正廉洁高效履职为准则，加强事业单位人事管理回避工作，加强对任职岗位和履职情况的监督约束，促进社会事业健康发展。

第三条　本规定所称事业单位人事管理回避包括岗位回避和履职回避。

第四条　事业单位人事管理工作所有参与方以及可能影响公正的特定关系人需要回避的，适用本规定。

事业单位领导人员回避按照本规定执行，法律法规另有规定的，从其规定。

第五条　事业单位、主管部门、事业单位人事综合管理部门按照干部人事管理权限，负责事业单位人事管理回避的执行和监督。

第二章　岗位回避

第六条　事业单位工作人员凡有下列亲属关系的，不得在同一事业单位聘用至具有直接上下级领导关系的管理岗位，不得在其中一方担任领导人员的事业单位聘用至从事组织（人事）、纪检监察、审计、财务工作的岗位，也不得聘用至双方直接隶属于同一领导人员的从事组织（人事）、纪检监察、审计、财务工作的内设机构正职岗位：

（一）夫妻关系；

（二）直系血亲关系，包括祖父母、外祖父母、父母、子女、孙子女、外孙子女；

（三）三代以内旁系血亲关系，包括叔伯姑舅姨、兄弟姐妹、堂兄弟姐妹、表兄弟姐妹、侄子女、甥子女；

（四）近姻亲关系，包括配偶的父母、配偶的兄弟姐妹及其配偶、子女的配偶及子女配偶的父母、三代以内旁系血亲的配偶；

（五）其他亲属关系，包括养父母子女、形成抚养关系的继父母子女及由此形成的直系血亲、三代以内旁系血亲和近姻亲关系。

前款所称同一事业单位，是指依法登记的同一事业单位法人。

第七条　本规定所称直接上下级领导关系包括：

（一）领导班子正职与副职；

（二）同一内设机构正职与副职；

（三）上级正职、副职与下级正职；

（四）单位无内设机构的，其正职、副职与其他管理人员以及从事审计、财务工作的专业技术人员；

（五）内设机构无下一级单位的，其正职、副职与其他管理人员以及从事审计、财务工作的专业技术人员。

第八条　事业单位工作人员岗位回避按照以下程序办理：

（一）本人提出回避申请，或者有关单位、人员提出回避要求。

（二）所在单位或者主管部门按照干部人事管理权限在1个月内作出回避决定。作出回避决定前，应当听取需要回避人员及相关人员的意见。

（三）回避决定作出后，及时通知申请人，需要回避的，应当自回避决定作出之日起1个月内调整至相应岗位，并变更或者重新订立聘用合同。

第九条　岗位等级不同的一般由岗位等级较低的一方回避；岗位等级相同或者岗位类别不同的，根据工作需要和实际情况决定其中一方回避。

第十条　因地域、专业、工作性质特殊等因素，需要灵活执行岗位回避政策的，可由省级以上事业单位人事综合管理部门、中央和国家机关各部门结合实际作出具体规定。

第三章　履 职 回 避

第十一条　事业单位工作人员应当回避的履职活动包括：

（一）岗位设置、公开招聘、聘用解聘（任免）、考核考察、奖励、处分、交流、人事争议处理、出国（境）审批；

（二）人事考试、职称评审、人才评价；

（三）招生考试、项目评审、成果评选、资金审批与监管；

（四）其他应当回避的履职活动。

第十二条 事业单位工作人员履行第十一条所列职责时，有下列情形之一的，应当回避，不得参加相关调查、考察、讨论、评议、投票、评分、审核、决定等活动，也不得以任何方式施加影响：

（一）涉及本人利害关系的；

（二）涉及与本人有本规定第六条所列亲属关系人员的利害关系的；

（三）其他可能影响公正履行职责的。

第十三条 事业单位工作人员履职回避按照以下程序办理：

（一）本人或利害关系人提出回避申请，或者有关单位提出回避要求。

（二）本人所在单位或者主管部门按照干部人事管理权限作出回避决定。其中，成立聘用工作组织、考核工作组织、申诉公正委员会、学术委员会等专项工作组织的，工作组织负责人的回避由成立该工作组织的单位决定，工作组织其他工作人员的回避可授权工作组织负责人决定。作出回避决定前，应当听取需要回避的人员及相关人员的意见。

（三）根据回避决定需要回避的，应当自回避决定作出之日起退出相关工作。

回避决定应当及时作出。回避决定作出前，本人可视情况确定是否先行退出相关履职活动。

第十四条　事业单位外请专家及其他人员参加本规定第十一条所列相关活动时，具有本规定第十二条所列情形的，应当回避。回避办理程序一般参照本规定第十三条进行。回避决定由邀请单位或者授权其组织（人事）部门、专项工作组织负责人作出。

第四章　管理与监督

第十五条　按照干部人事管理权限应当由事业单位作出或者授权作出回避决定的，特殊情况下，主管部门或者事业单位人事综合管理部门可以直接作出。

第十六条　事业单位工作人员必须服从回避决定，无正当理由拒不服从的，视情节轻重依法依规给予组织处理或处分。所在单位、主管部门负责督促回避决定落实到位。

事业单位工作人员应当主动报告应回避的情形。有需要回避的情形不及时报告或者有意隐瞒的，予以批评教育；造成不良后果的，依法依规给予组织处理或处分。

第十七条　事业单位外请专家及其他人员有需要回避的情形不及时报告或者有意隐瞒造成不良后果的，有关部门予以记录，在一定期限内不得邀请其参加相关活动；适用组织处理或处分的，可建议有关部门按照干部人事管理权限依法依规给予组织处理或处分。

第十八条　由于相关人员隐瞒应当回避情形，造成工作结果不公正的，按照国家有关规定取消或者撤销获取的资质、资格、荣誉、奖金、学籍、岗位、项目、资金等。

第十九条　事业单位及其主管部门对拟新进人员和拟调整岗位人员，应当依据本规定严格审查把关，避免形成回避关系。对因婚姻、岗位变化等新形成的回避关系，应当及时予以调整。

事业单位违反本规定的，由同级事业单位人事综合管理部门或者主管部门责令限期改正；逾期不改正的，按照干部人事管理权限对负有领导责任和直接责任的人员依法依规给予组织处理或处分。

第二十条　对个人、组织据实反映本规定所列各类需要回避情形的，有关单位、部门应当按照干部人事管理权限及时处理。

第五章　附　　则

第二十一条　主管部门对所属事业单位实施人事管理工作需要回避的，参照本规定执行，法律法规另有规定的从其规定。

第二十二条　机关工勤人员的回避，参照本规定执行。

第二十三条　本规定由中共中央组织部、人力资源社会保障部负责解释。

第二十四条　本规定自 2020 年 1 月 1 日起施行。

事业单位工作人员考核规定

（2023 年 1 月 12 日　人社部发〔2023〕6 号）

第一章　总　　则

第一条　为了准确评价事业单位工作人员的德才表现和工作实绩，规范事业单位工作人员考核工作，推动建设堪当民族复兴重任、忠诚干净担当的高素质专业化事业单位工作人员队伍，把新时代好干部标准落到实处，根据《事业单位人事管理条例》和有关法律法规，制定本规定。

第二条　事业单位工作人员考核，是指事业单位或者主管机关（部门）按照干部人事管理权限及规定的标准和程序，对事业单位工作人员的政治素质、履职能力、工作实绩、作风表现等进行的了解、核实和评价。

对事业单位领导人员的考核，按照有关规定执行。

第三条　事业单位工作人员考核工作，坚持以习近平新时代中国特色社会主义思想为指导，贯彻新时代党的组织路线和干部工作方针政策，着眼于充分调动事业单位工作人员积极性主动性创造性、促进新时代公益事业高质量发展，坚持尊重劳动、尊重知识、尊重人才、尊重创造，全面准确评价事业单位工作人员，鲜明树立新时代选人用人导向，推动形成能者上、优者奖、庸者下、劣者汰的良好局面。工作中，应当坚持下列原则：

（一）党管干部、党管人才；

（二）德才兼备、以德为先；

（三）事业为上、公道正派；

（四）注重实绩、群众公认；

（五）分级分类、简便有效；

（六）考用结合、奖惩分明。

第四条 事业单位工作人员考核的方式主要是年度考核和聘期考核，根据工作实际开展平时考核、专项考核。

第二章 考核内容

第五条 对事业单位工作人员的考核，以岗位职责和所承担的工作任务为基本依据，全面考核德、能、勤、绩、廉，突出对德和绩的考核。

（一）德。坚持将政治标准放在首位，全面考核政治品质和道德品行，重点了解学习贯彻习近平新时代中国特色社会主义思想，坚定拥护"两个确立"，增强"四个意识"、坚定"四个自信"、做到"两个维护"，坚定理想信念，坚守初心使命，忠于宪法、忠于国家、忠于人民的情况；做到坚持原则、敢于斗争、善于斗争的情况；模范践行社会主义核心价值观，胸怀祖国、服务人民，恪守职业道德，遵守社会公德、家庭美德和个人品德等情况。

（二）能。全面考核适应新时代要求履行岗位职责的政治能力、工作能力、专业素养和技术技能水平，重点了解政治判断力、政治领悟力、政治执行力和学习调研能力、依法办事能力、群众工作能力、沟通协调能力、贯彻执行能力、改革创新能力、应急处突能力等情况。

（三）勤。全面考核精神状态和工作作风，重点了解爱岗敬业、勤勉尽责、担当作为、锐意进取、勇于创造、甘于奉献等情况。

（四）绩。全面考核践行以人民为中心的发展思想，依法依规履行岗位职责、承担急难险重任务、为群众职工办实事等情况，重点了解完成工作的数量、质量、时效、成本，产生的社会效益和经济效益，服务对象满意度等情况。

（五）廉。全面考核廉洁从业情况，重点了解落实中央八项规定及其实施细则精神，执行本系统、本行业、本单位行风建设相关规章制度，遵规守纪、廉洁自律等情况。

第六条　对事业单位工作人员实行分级分类考核，考核内容应当细化明确考核要素和具体指标，体现不同行业、不同类型、不同层次、不同岗位工作人员的特点和具体要求，增强针对性、有效性。

第七条　对面向社会提供公益服务的事业单位工作人员的考核，突出公益服务职责，加强服务质量、行为规范、技术技能、行风建设等考核。宣传思想文化、教育、科技、卫生健康等重点行业领域事业单位要按照分类推进人才评价机制改革有关要求，分别确定工作人员考核内容的核心要素，合理设置指标权重，实行以行业属性为基础的差别化考核。

对主要为机关提供支持保障的事业单位工作人员的考核，突出履行支持保障职责情况考核。根据实际情况，可以与主管机关（部门）工作人员考核统筹。

第八条 对事业单位专业技术人员的考核，应当结合专业技术工作特点，以创新价值、能力、贡献为导向，注重公共服务意识、专业理论知识、专业能力水平、创新服务及成果等。

对事业单位管理人员的考核，应当结合管理工作特点，注重管理水平、组织协调能力、工作规范性、廉政勤政情况等。

对事业单位工勤技能人员的考核，应当结合工勤技能工作特点，注重技能水平、服务态度、质量、效率等。

第三章 年 度 考 核

第九条 年度考核是以年度为周期对事业单位工作人员总体表现所进行的综合性考核，一般每年年末或者次年年初进行。

第十条 年度考核的结果一般分为优秀、合格、基本合格和不合格四个档次。

第十一条 年度考核确定为优秀档次应当具备下列条件：

（一）思想政治素质高，理想信念坚定，贯彻落实党中央决策部署坚决有力，模范遵守法律法规，恪守职业道德，具有良好社会公德、家庭美德和个人品德；

（二）履行岗位职责能力强，精通本职业务，与岗位要求相应的专业技术技能或者管理水平高；

（三）公共服务意识和工作责任心强，勤勉敬业奉献，改革创新意识强，工作作风好；

（四）全面履行岗位职责，高质量地完成各项工作任务，工作实绩突出，对社会或者单位有贡献，服务对象满意度高；

（五）廉洁从业且在遵守廉洁纪律方面具有模范带头作用。

第十二条　年度考核确定为合格档次应当具备下列条件：

（一）思想政治素质较高，能够贯彻落实党中央决策部署，自觉遵守法律法规和职业道德，具有较好社会公德、家庭美德和个人品德；

（二）履行岗位职责能力较强，熟悉本职业务，与岗位要求相应的专业技术技能或者管理水平较高；

（三）公共服务意识和工作责任心较强，工作认真负责，工作作风较好；

（四）能够履行岗位职责，较好地完成工作任务，服务对象满意度较高；

（五）廉洁从业。

第十三条　事业单位工作人员有下列情形之一的，年度考核应当确定为基本合格档次：

（一）思想政治素质一般，在贯彻落实党中央决策部署以及遵守职业道德、社会公德、家庭美德、个人品德等方面存在明显不足；

（二）履行岗位职责能力较弱，与岗位要求相应的专业技术技能或者管理水平较低；

（三）公共服务意识和工作责任心一般，工作纪律性不强，工作消极，或者工作作风方面存在明显不足；

（四）能够基本履行岗位职责、完成工作任务，但完成工作的数量不足、质量和效率不高，或者在工作中有一定的失误，或者服务对象满意度较低；

（五）能够基本做到廉洁从业，但某些方面存在不足。

第十四条　事业单位工作人员有下列情形之一的，年度考核应当确定为不合格档次：

（一）思想政治素质较差，在贯彻落实党中央决策部署以及职业道德、社会公德、家庭美德、个人品德等方面存在严重问题；

（二）业务素质和工作能力不能适应岗位要求；

（三）公共服务意识和工作责任心缺失，工作不担当、不作为，或者工作作风差；

（四）不履行岗位职责、未能完成工作任务，或者在工作中因严重失职失误造成重大损失或者恶劣社会影响；

（五）在廉洁从业方面存在问题，且情形较为严重。

第十五条 事业单位工作人员年度考核优秀档次人数，一般不超过本单位应参加年度考核的工作人员总人数的20%。优秀档次名额应当向一线岗位、艰苦岗位以及获得表彰奖励的人员倾斜。

事业单位在相应考核年度内有下列情形之一的，经主管机关（部门）或者同级事业单位人事综合管理部门审核同意，工作人员年度考核优秀档次的比例可以适当提高，一般掌握在25%：

（一）单位获得集体记功以上奖励的；

（二）单位取得重大工作创新或者作出突出贡献，取得有关机关（部门）认定的；

（三）单位绩效考核获得优秀档次的。

对单位绩效考核为不合格档次的，以及问题较多、被问责的事业单位，主管机关（部门）或者同级事业单位人事综合管理部门应当降低其年度考核优秀档次比例，一般不超过15%。

第十六条 对事业单位工作人员开展年度考核，可以成立考核委员会或者考核工作领导小组，负责考核工作的组织实施，相应的组织人事部门承担具体工作。考核委员会或者考核工作领导小组由本单位成立的，一般由单位主要负责人担任主任（组长），成员由单位其他领导人员、组织人事部门和纪检监察机构有关人员、职工代表等组成；由主管机关（部门）成立的，一般由主管机关（部门）组织人事部门负责人担任主任（组长），成员由主管机关（部门）组织人事部门有关人员以及事业单位有关领导人员、从事组织人事和纪检监察工作的有关人员、职工代表等组成。

第十七条　年度考核一般按照下列程序进行：

（一）制定方案。考核委员会或者考核工作领导小组制定事业单位年度考核工作方案，通过职工代表大会或者其他形式听取工作人员意见后，面向全单位发布。

（二）总结述职。事业单位工作人员按照岗位职责任务、考核内容以及有关要求进行总结，填写年度考核表，必要时可以在一定范围内述职。

（三）测评、核实与评价。考核委员会或者考核工作领导小组可以采取民主测评、绩效评价、听取主管领导意见以及单位内部评议、服务对象满意度调查、第三方评价等符合岗位特点的方法，对考核对象进行综合评价，提出考核档次建议。

（四）确定档次。事业单位领导班子或者主管机关（部门）组织人事部门集体研究审定考核档次。拟确定为优秀档次的须在本单位范围进行公示，公示期一般不少于 5 个工作日。考核结果以书面形式告知被考核人员，由本人签署意见。

第四章　聘 期 考 核

第十八条　聘期考核是对事业单位工作人员在一个完整聘期内总体表现所进行的全方位考核，以聘用（任）合同为依据，以聘期内年度考核结果为基础，一般在聘用（任）合同期满前一个月内完成。

聘期考核侧重考核聘期任务目标完成情况。

第十九条　聘期考核的结果一般分为合格和不合格等档次。

第二十条　事业单位工作人员完成聘期目标任务，且聘期内年度考核均在合格及以上档次的，聘期考核应当确定为合格档次。

第二十一条　事业单位工作人员无正当理由，未完成聘期目标任务的，聘期考核应当确定为不合格档次。

第二十二条　事业单位工作人员聘期考核一般应当按照总结述职，测评、核实与评价，实绩分析，确定档次等程序进行，结合实际也可以与年度考核统筹进行。

第五章　平时考核和专项考核

第二十三条　平时考核是对事业单位工作人员日常工作和一贯表现所进行的经常性考核。

第二十四条　对事业单位工作人员开展平时考核，主要结合日常管理工作进行，根据行业和单位特点，可以采取工作检查、考勤记录、谈心谈话、听取意见等方法，具体操作办法由事业单位结合实际确定。

事业单位可以根据自身实际，探索建立平时考核记录，形成考核结果。平时考核结果可以采用考核报告、评语、档次或者鉴定等形式确定。

第二十五条　专项考核是对事业单位工作人员在完成重要专项工作、承担急难险重任务、应对和处置突发事件中的工作态度、担当精神、作用发挥、实际成效等情况所进行的针对性考核。

根据平时掌握情况，对表现突出或者问题反映较多的工作人员，可以进行专项考核。

第二十六条　对事业单位工作人员开展专项考核，可以按照了解核实、综合研判、结果反馈等程序进行，或者结合推进专项工作灵活安排。

专项考核结果可以采用考核报告、评语、档次或者鉴定等形式确定。

第六章　考核结果运用

第二十七条　坚持考用结合，将考核结果与选拔任用、培养教育、管理监督、激励约束、问责追责等结合起来，作为事业单位工作人员调整岗位、职务、职员等级、工资和评定职称、奖励，以及变更、续订、解除、终止聘用（任）合同等的依据。

第二十八条　事业单位工作人员年度考核被确定为合格以上档次的，按照下列规定办理：

（一）增加一级薪级工资；

（二）按照有关规定发放绩效工资；

（三）本考核年度计算为现聘岗位（职员）等级的任职年限。

其中，年度考核被确定为优秀档次的，在绩效工资分配时，同等条件下应当予以倾斜；在岗位晋升、职称评聘时，同等条件下应当予以优先考虑。

第二十九条 事业单位工作人员年度考核被确定为基本合格档次的，按照下列规定办理：

（一）责令作出书面检查，限期改进；

（二）不得增加薪级工资；

（三）相应核减绩效工资；

（四）本考核年度不计算为现聘岗位（职员）等级的任职年限，下一考核年度内不得晋升岗位（职员）等级；

（五）连续两年被确定为基本合格档次的，予以组织调整或者组织处理。

第三十条 事业单位工作人员年度考核被确定为不合格档次的，按照下列规定办理：

（一）不得增加薪级工资；

（二）相应核减绩效工资；

（三）向低一级岗位（职员）等级调整；

（四）本考核年度不计算为现聘岗位（职员）等级的任职年限；

（五）被确定为不合格档次且不同意调整工作岗位，或者连续两年被确定为不合格档次的，可以按规定解除聘用（任）合同。

其中，受处理、处分时已按规定降低岗位（职员）等级且当年年度考核被确定为不合格档次的，为避免重复处罚，不再向低一级岗位（职员）等级调整。

第三十一条　事业单位工作人员年度考核不确定档次的，按照下列规定办理：

（一）不得增加薪级工资；

（二）相应核减绩效工资；

（三）本考核年度不计算为现聘岗位（职员）等级的任职年限，连续两年不确定档次的，视情况调整工作岗位。

第三十二条　事业单位工作人员聘期考核被确定为合格档次且所聘岗位存续的，经本人、单位协商一致，可以续订聘用（任）合同。

聘期考核被确定为不合格档次的，合同期满一般不再续聘；特殊情况确需续订聘用（任）合同的，应当报经主管机关（部门）审核同意。

第三十三条　事业单位工作人员考核形成的结论性材料，应当存入本人干部人事档案。

第三十四条　平时考核、专项考核结果作为年度考核、聘期考核的重要参考。

运用平时考核、专项考核结果，有针对性地加强激励约束、培养教育，鼓励先进、鞭策落后。

第三十五条　考核中发现事业单位工作人员存在问题的，根据问题性质和情节轻重，依规依纪依法给予处理、处分；对涉嫌犯罪的，依法追究刑事责任。

第三十六条　事业单位工作人员对考核确定为基本合格或者不合格档次不服的，可以按照有关规定申请复核、提出申诉。

第七章 相 关 事 宜

第三十七条 对初次就业的事业单位工作人员，在本单位工作不满考核年度半年的（含试用期），参加年度考核，只写评语，不确定档次。

对非初次就业的工作人员，当年在其他单位工作时间与本单位工作时间合并计算，不满考核年度半年的（含试用期），参加年度考核，只写评语，不确定档次；满考核年度半年的（含试用期），由其现所在事业单位进行年度考核并确定档次，原工作单位提供有关情况。

前款所称其他单位工作时间，可以根据干部人事档案有关记载、劳动合同、社会保险缴费证明等综合认定。

第三十八条 对事业单位外派的工作人员进行年度考核，按照下列规定办理：

（一）挂职、援派、驻外的工作人员，在外派期间一般由工作时间超过考核年度半年的单位进行考核并以适当的方式听取派出单位或者接收单位的意见。

（二）单位派出学习培训、执行任务的工作人员，经批准以兼职创新、在职创办企业或者选派到企业工作、参与项目合作等方式进行创新创业的专业技术人员，由人事关系所在单位进行考核，主要根据学习培训、执行任务、创新创业的表现确定档次，由相关单位提供在外表现情况。

第三十九条 对同时在事业单位管理岗位和专业技术岗位两类岗位任职人员的考核，应当以两类岗位的职责任务为依据，实行双岗位双考核。

第四十条 对高校、科研院所等事业单位的科研人员，立足其工作特点，探索完善考核方法，合理确定考核周期和频次，促进科研人员潜心研究、创造科研成果。

第四十一条 病假、事假、非单位派出外出学习培训累计超过考核年度半年的事业单位工作人员，参加年度考核，不确定档次。

女职工按规定休产假超过考核年度半年的，参加年度考核，确定档次。

第四十二条 事业单位工作人员涉嫌违纪违法被立案审查调查尚未结案的，参加年度考核，不写评语，不确定档次。结案后未受处分或者给予警告处分的，按规定补定档次。

第四十三条 受党纪政务处分或者组织处理、诫勉的事业单位工作人员参加年度考核，按照有关规定办理。

同时受党纪政务处分和组织处理的，按照对其年度考核结果影响较重的处理、处分确定年度考核结果。

第四十四条 对无正当理由不参加考核的事业单位工作人员，经教育后仍拒绝参加的，直接确定其考核档次为不合格。

第四十五条 事业单位或者主管机关（部门）应当加强考核工作统筹，优化工作流程，注意运用互联网技术和信息化手段，简便高效开展考核工作，提高考核质量和效率。

第四十六条 各级事业单位人事综合管理部门和主管机关（部门），应当加强对事业单位工作人员考核工作的指导监督。

对在考核过程中有徇私舞弊、打击报复、弄虚作假等行为的，按照有关规定予以严肃处理。

第八章 附 则

第四十七条 机关工勤人员的考核，参照本规定执行。

第四十八条 各地区各部门可以根据本规定，结合实际制定事业单位工作人员考核具体办法或者细则。

第四十九条 本规定由中共中央组织部、人力资源社会保障部负责解释。

第五十条 本规定自发布之日起施行。

事业单位工作人员处分规定

(2023 年 11 月 6 日 人社部发〔2023〕58 号)

第一章 总 则

第一条 为严明事业单位纪律规矩，规范事业单位工作人员行为，保证事业单位及其工作人员依法履职，根据《中华人民共和国公职人员政务处分法》和《事业单位人事管理条例》，制定本规定。

第二条 事业单位工作人员违规违纪违法，应当承担纪律责任的，依照本规定给予处分。

任免机关、事业单位对事业单位中从事管理的人员给予处分，适用《中华人民共和国公职人员政务处分法》第二章、第三章规定。处分的程序、申诉等适用本规定。

第三条　给予事业单位工作人员处分，应当坚持党管干部、党管人才原则；坚持公正、公平；坚持惩治与教育相结合。

给予事业单位工作人员处分，应当与其违规违纪违法行为的性质、情节、危害程度相适应。

给予事业单位工作人员处分，应当事实清楚、证据确凿、定性准确、处理恰当、程序合法、手续完备。

第二章　处分的种类和适用

第四条　事业单位工作人员处分的种类为：

（一）警告；

（二）记过；

（三）降低岗位等级；

（四）开除。

第五条　事业单位工作人员受处分的期间为：

（一）警告，六个月；

（二）记过，十二个月；

（三）降低岗位等级，二十四个月。

处分决定自作出之日起生效，处分期自处分决定生效之日起计算。

第六条　事业单位工作人员受到警告处分的，在作出处分决定的当年，参加年度考核，不能确定为优秀档次；受到记过处分的当年，受到降低岗位等级处分的当年及第二年，参加年度考核，只写评语，不确定档次。

事业单位工作人员受到降低岗位等级处分的，自处分决定生效之日起降低一个以上岗位和职员等级聘用，按照事业单位收入分配有关规定确定其工资待遇；对同时在管理和专业技术两类岗位任职的事业单位工作人员发生违规违纪违法行为的，给予降低岗位等级处分时，应当同时降低两类岗位的等级，并根据违规违纪违法的情形与岗位性质的关联度确定降低岗位类别的主次。

事业单位工作人员在受处分期间，不得聘用到高于现聘岗位和职员等级。受到开除处分的，自处分决定生效之日起，终止其与事业单位的人事关系。

第七条 事业单位工作人员受到记过以上处分的，在受处分期间不得参加专业技术职称评审或者工勤技能人员职业技能等级认定。

第八条 事业单位工作人员同时有两种以上需要给予处分的行为的，应当分别确定其处分。应当给予的处分种类不同的，执行其中最重的处分；应当给予开除以外多个相同种类处分的，执行该处分，处分期应当按照一个处分期以上、多个处分期之和以下确定，但是最长不得超过四十八个月。

事业单位工作人员在受处分期间受到新的处分的，其处分期为原处分期尚未执行的期限与新处分期限之和，但是最长不得超过四十八个月。

第九条 事业单位工作人员二人以上共同违规违纪违法，需要给予处分的，按照各自应当承担的责任，分别给予相应的处分。

第十条 有下列情形之一的，应当从重处分：

（一）在处分期内再次故意违规违纪违法，应当受到处分的；

（二）在二人以上的共同违规违纪违法行为中起主要作用的；

（三）隐匿、伪造、销毁证据的；

（四）串供或者阻止他人揭发检举、提供证据材料的；

（五）包庇同案人员的；

（六）胁迫、唆使他人实施违规违纪违法行为的；

（七）拒不上交或者退赔违规违纪违法所得的；

（八）法律、法规、规章规定的其他从重情节。

第十一条　有下列情形之一的，可以从轻或者减轻给予处分：

（一）主动交代本人应当受到处分的违规违纪违法行为的；

（二）配合调查，如实说明本人违规违纪违法事实的；

（三）主动采取措施，有效避免、挽回损失或者消除不良影响的；

（四）检举他人违规违纪违法行为，情况属实的；

（五）在共同违规违纪违法行为中起次要或者辅助作用的；

（六）主动上交或者退赔违规违纪违法所得的；

（七）其他从轻或者减轻情节。

第十二条　违规违纪违法行为情节轻微，且具有本规定第十一条的情形之一的，可以对其进行谈话提醒、批评教育、责令检查或者予以诫勉，免予或者不予处分。

事业单位工作人员因不明真相被裹挟或者被胁迫参与违规违纪违法活动，经批评教育后确有悔改表现的，可以减轻、免予或者不予处分。

第十三条　事业单位工作人员违规违纪违法取得的财物和用于违规违纪违法的财物，除依法应当由其他机关没收、追缴或者责令退赔的，由处分决定单位没收、追缴或者责令退赔；应当退还原所有人或者原持有人的，依法予以退还；属于国家财产或者不应当退还以及无法退还的，上缴国库。

第十四条 已经退休的事业单位工作人员退休前或者退休后有违规违纪违法行为应当受到处分的，不再作出处分决定，但是可以对其立案调查；依规依纪依法应当给予降低岗位等级以上处分的，应当按照规定相应调整其享受的待遇。

第十五条 事业单位有违规违纪违法行为，应当追究纪律责任的，依规依纪依法对负有责任的领导人员和直接责任人员给予处分。

第三章　违规违纪违法行为及其适用的处分

第十六条 有下列行为之一的，给予记过处分；情节较重的，给予降低岗位等级处分；情节严重的，给予开除处分：

（一）散布有损宪法权威、中国共产党领导和国家声誉的言论的；

（二）参加旨在反对宪法、中国共产党领导和国家的集会、游行、示威等活动的；

（三）拒不执行或者变相不执行中国共产党和国家的路线方针政策、重大决策部署的；

（四）参加非法组织、非法活动的；

（五）利用宗教活动破坏民族团结和社会稳定的；挑拨、破坏民族关系，或者参加民族分裂活动的；

（六）在对外交往中损害国家荣誉和利益的；

（七）携带含有依法禁止内容的书刊、音像制品、电子出版物进入境内的；

（八）其他违反政治纪律的行为。

有前款第二项、第四项、第五项行为之一的，对策划者、组织者和骨干分子，给予开除处分。

公开发表反对宪法确立的国家指导思想，反对中国共产党领导，反对社会主义制度，反对改革开放的文章、演说、宣言、声明等的，给予开除处分。

第十七条　有下列行为之一的，给予警告或者记过处分；情节较重的，给予降低岗位等级处分；情节严重的，给予开除处分：

（一）采取不正当手段为本人或者他人谋取岗位；

（二）在事业单位选拔任用、公开招聘、考核、培训、回避、奖励、申诉、职称评审等人事管理工作中有违反组织人事纪律行为的；

（三）其他违反组织人事纪律的行为。

篡改、伪造本人档案资料的，给予记过处分；情节严重的，给予降低岗位等级处分。

违反规定出境或者办理因私出境证件的，给予记过处分；情节严重的，给予降低岗位等级处分。

违反规定取得外国国籍或者获取境外永久居留资格、长期居留许可的，给予降低岗位等级以上处分。

第十八条　有下列行为之一的，给予警告或者记过处分；情节较重的，给予降低岗位等级处分；情节严重的，给予开除处分：

（一）在执行国家重要任务、应对公共突发事件中，不服从指挥、调遣或者消极对抗的；

（二）破坏正常工作秩序，给国家或者公共利益造成损失的；

（三）违章指挥、违规操作，致使人民生命财产遭受损失的；

（四）发生重大事故、灾害、事件，擅离职守或者不按规定报告、不采取措施处置或者处置不力的；

（五）在项目评估评审、产品认证、设备检测检验等工作中徇私舞弊，或者违反规定造成不良影响的；

（六）泄露国家秘密，或者泄露因工作掌握的内幕信息、个人隐私，造成不良后果的；

（七）其他违反工作纪律失职渎职的行为。

第十九条 有下列行为之一的，给予警告或者记过处分；情节较重的，给予降低岗位等级处分；情节严重的，给予开除处分：

（一）贪污、索贿、受贿、行贿、介绍贿赂、挪用公款的；

（二）利用工作之便为本人或者他人谋取不正当利益的；

（三）在公务活动或者工作中接受礼品、礼金、各种有价证券、支付凭证的；

（四）利用知悉或者掌握的内幕信息谋取利益的；

（五）用公款旅游或者变相用公款旅游的；

（六）违反国家规定，从事、参与营利性活动或者兼任职务领取报酬的；

（七）其他违反廉洁从业纪律的行为。

第二十条 有下列行为之一的，给予警告或者记过处分；情节较重的，给予降低岗位等级处分；情节严重的，给予开除处分：

（一）违反国家财政收入上缴有关规定的；

（二）违反规定使用、骗取财政资金或者违反规定使用、骗取、隐匿、转移、侵占、挪用社会保险基金的；

（三）擅自设定收费项目或者擅自改变收费项目的范围、标准和对象的；

（四）挥霍、浪费国家资财或者造成国有资产流失的；

（五）违反国有资产管理规定，擅自占有、使用、处置国有资产的；

（六）在招标投标和物资采购工作中违反有关规定，造成不良影响或者损失的；

（七）其他违反财经纪律的行为。

第二十一条　有下列行为之一的，给予警告或者记过处分；情节较重的，给予降低岗位等级处分；情节严重的，给予开除处分：

（一）利用专业技术或者技能实施违规违纪违法行为的；

（二）有抄袭、剽窃、侵吞他人学术成果，伪造、篡改数据文献，或者捏造事实等学术不端行为的；

（三）利用职业身份进行利诱、威胁或者误导，损害他人合法权益的；

（四）利用权威、地位或者掌控的资源，压制不同观点，限制学术自由，造成重大损失或者不良影响的；

（五）在申报岗位、项目、荣誉等过程中弄虚作假的；

（六）工作态度恶劣，造成不良社会影响的；

（七）其他严重违反职业道德的行为。

有前款第一项规定行为的，给予记过以上处分。

第二十二条　有下列行为之一的，给予警告或者记过处分；情节较重的，给予降低岗位等级处分；情节严重的，给予开除处分：

（一）违背社会公序良俗，在公共场所有不当行为，造成不良影响的；

（二）制造、传播违法违禁物品及信息的；

（三）参与赌博活动的；

（四）有实施家庭暴力，虐待、遗弃家庭成员，或者拒不承担赡养、抚养、扶养义务等的；

（五）其他严重违反公共秩序、社会公德的行为。

吸食、注射毒品，组织赌博，组织、支持、参与卖淫、嫖娼、色情淫乱活动的，给予降低岗位等级以上处分。

第二十三条 事业单位工作人员犯罪，有下列情形之一的，给予开除处分：

（一）因故意犯罪被判处管制、拘役或者有期徒刑以上刑罚（含宣告缓刑）的；

（二）因过失犯罪被判处有期徒刑，刑期超过三年的；

（三）因犯罪被单处或者并处剥夺政治权利的。

因过失犯罪被判处管制、拘役或者三年以下有期徒刑的，一般应当给予开除处分；案件情况特殊，给予降低岗位等级处分更为适当的，可以不予开除，但是应当报请事业单位主管部门批准，并报同级事业单位人事综合管理部门备案。

事业单位工作人员因犯罪被单处罚金，或者犯罪情节轻微，人民检察院依法作出不起诉决定或者人民法院依法免予刑事处罚的，给予降低岗位等级处分；造成不良影响的，给予开除处分。

第四章　处分的权限和程序

第二十四条 对事业单位工作人员的处分，按照干部人事管理权限，由事业单位或者事业单位主管部门决定。

开除处分由事业单位主管部门决定，并报同级事业单位人事综合管理部门备案。

对中央和地方直属事业单位工作人员的处分，按照干部人事管理权限，由本单位或者有关部门决定；其中，由本单位作出开除处分决定的，报同级事业单位人事综合管理部门备案。

第二十五条 对事业单位工作人员的处分，按照以下程序办理：

（一）对事业单位工作人员违规违纪违法行为初步调查后，需要进一步查证的，应当按照干部人事管理权限，经事业单位负责人批准或者有关部门同意后立案；

（二）对被调查的事业单位工作人员的违规违纪违法行为作进一步调查，收集、查证有关证据材料，并形成书面调查报告；

（三）将调查认定的事实及拟给予处分的依据告知被调查的事业单位工作人员，听取其陈述和申辩，并对其所提出的事实、理由和证据进行复核，记录在案。被调查的事业单位工作人员提出的事实、理由和证据成立的，应予采信；

（四）按照处分决定权限，作出对该事业单位工作人员给予处分、免予不予处分或者撤销案件的决定；

（五）处分决定单位印发处分决定；

（六）将处分决定以书面形式通知受处分事业单位工作人员本人和有关单位，并在一定范围内宣布；

（七）将处分决定存入受处分事业单位工作人员的档案。

第二十六条 事业单位工作人员已经被立案调查，不宜继续履职的，可以按照干部人事管理权限，由事业单位或者有关部门暂停其职责。

被调查的事业单位工作人员在案件立案调查期间，不得解除聘用合同、出境，所在单位不得对其交流、晋升、奖励或者办理退休手续。

第二十七条 对事业单位工作人员案件进行调查，应当由二名以上办案人员进行；接受调查的单位和个人应当如实提供情况。

以暴力、威胁、引诱、欺骗等非法方式收集的证据不得作为定案的根据。

在调查中发现事业单位工作人员受到不实检举、控告或者诬告陷害，造成不良影响的，应当按照规定及时澄清事实，恢复名誉，消除不良影响。

第二十八条 参与事业单位工作人员案件调查、处理的人员应当回避的，执行《事业单位人事管理回避规定》等有关规定。

第二十九条 给予事业单位工作人员处分，应当自批准立案之日起六个月内作出决定；案情复杂或者遇有其他特殊情形的可以延长，但是办案期限最长不得超过十二个月。

第三十条 处分决定应当包括下列内容：

（一）受处分事业单位工作人员的姓名、工作单位、原所聘岗位（所任职务）名称及等级、职员等级等基本情况；

（二）经查证的违规违纪违法事实；

（三）处分的种类、受处分的期间和依据；

（四）不服处分决定的申诉途径和期限；

（五）处分决定单位的名称、印章和作出决定的日期。

第三十一条 事业单位工作人员受到处分，应当办理岗位、职员等级、工资及其他有关待遇等的变更手续的，由人事部门按照管理权限在作出处分决定后一个月内办理；特殊情况下，经批准可以适当延长办理期限，但是最长不得超过六个月。

第三十二条 事业单位工作人员受开除以外的处分，在受处分期间有悔改表现，并且没有再出现违规违纪违法情形的，处分期满后自动解除处分。

处分解除后，考核及晋升岗位和职员等级、职称、工资待遇按照国家有关规定执行，不再受原处分的影响。但是，受到降低岗位等级处分的，不恢复受处分前的岗位、职员等级、工资待遇；无岗位、职员等级可降而降低薪级工资的，处分解除后，不恢复受处分前的薪级工资。

第三十三条 事业单位工作人员受到开除处分后，事业单位应当及时办理档案和社会保险关系转移手续，具体办法按照有关规定执行。

第五章　复核和申诉

第三十四条 受到处分的事业单位工作人员对处分决定不服的，可以自知道或者应当知道该处分决定之日起三十日内向原处分决定单位申请复核。对复核结果不服的，可以自接到复核决定之日起三十日内，按照《事业单位工作人员申诉规定》等有关规定向原处分决定单位的主管部门或者同级事业单位人事综合管理部门提出申诉。

受到处分的中央和地方直属事业单位工作人员的申诉，按照干部人事管理权限，由同级事业单位人事综合管理部门受理。

第三十五条 原处分决定单位应当自接到复核申请后的三

十日内作出复核决定。受理申诉的单位应当自受理之日起六十日内作出处理决定；案情复杂的，可以适当延长，但是延长期限最多不超过三十日。

复核、申诉期间不停止处分的执行。

事业单位工作人员不因提出复核、申诉而被加重处分。

第三十六条 有下列情形之一的，受理处分复核、申诉的单位应当撤销处分决定，重新作出决定或者责令原处分决定单位重新作出决定：

（一）处分所依据的事实不清、证据不足的；

（二）违反规定程序，影响案件公正处理的；

（三）超越职权或者滥用职权作出处分决定的。

第三十七条 有下列情形之一的，受理复核、申诉的单位应当变更处分决定或者责令原处分决定单位变更处分决定：

（一）适用法律、法规、规章错误的；

（二）对违规违纪违法行为的情节认定有误的；

（三）处分不当的。

第三十八条 事业单位工作人员的处分决定被变更，需要调整该工作人员的岗位、职员等级或者工资待遇的，应当按照规定予以调整；事业单位工作人员的处分决定被撤销的，需要恢复该工作人员的岗位、职员等级、工资待遇的，按照原岗位、职员等级安排相应的岗位、职员等级，恢复相应的工资待遇，并在原处分决定公布范围内为其恢复名誉。

被撤销处分或者被减轻处分的事业单位工作人员工资待遇受到损失的，应当予以补偿。没收、追缴财物错误的，应当依规依纪依法予以返还、赔偿。

第六章　附　　则

第三十九条　对事业单位工作人员处分工作中有滥用职权、玩忽职守、徇私舞弊、收受贿赂等违规违纪违法行为的工作人员，按照有关规定给予处分；涉嫌犯罪的，依法追究刑事责任。

第四十条　对机关工勤人员给予处分，参照本规定执行。

第四十一条　教育、科研、文化、医疗卫生、体育等部门，可以依据本规定，结合自身工作的实际情况，与中央事业单位人事综合管理部门联合制定具体办法。

第四十二条　本规定实施前，已经结案的案件如果需要复核、申诉，适用当时的规定。尚未结案的案件，如果行为发生时的规定不认为是违规违纪违法的，适用当时的规定；如果行为发生时的规定认定是违规违纪违法的，依照当时的规定处理，但是如果本规定不认为是违规违纪违法的或者根据本规定处理较轻的，适用本规定。

第四十三条　本规定所称以上、以下，包括本数。

第四十四条　本规定由中共中央组织部、人力资源社会保障部负责解释。

第四十五条　本规定自发布之日起施行。

图书在版编目（CIP）数据

事业单位工作人员廉洁履职手册 / 中国法治出版社
编． -- 北京 ： 中国法治出版社，2024． 11． -- ISBN
978-7-5216-4635-1

Ⅰ．D630.9-62

中国国家版本馆 CIP 数据核字第 2024DR1050 号

责任编辑：李宏伟　　　　　　　　　　　　封面设计：杨泽江

事业单位工作人员廉洁履职手册

SHIYE DANWEI GONGZUO RENYUAN LIANJIE LÜZHI SHOUCE

经销/新华书店
印刷/三河市国英印务有限公司
开本/880 毫米×1230 毫米　32 开　　　　印张/ 6.25　字数/ 107 千
版次/2024 年 11 月第 1 版　　　　　　　2024 年 11 月第 1 次印刷

中国法治出版社出版
书号 ISBN 978-7-5216-4635-1　　　　　　　　　定价：29.80 元

北京市西城区西便门西里甲 16 号西便门办公区
邮政编码：100053　　　　　　　　　　传真：010-63141600
网址：http：//www.zgfzs.com　　　　编辑部电话：**010-63141804**
市场营销部电话：010-63141612　　　　印务部电话：**010-63141606**

（如有印装质量问题，请与本社印务部联系。）